চিঠা পৃষ্ঠা খন্ড ২

আকারে অনুভবে

সন্তরাজ দেববর্মা

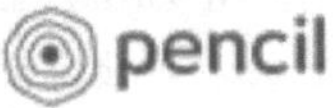

ISBN 978-93-5667-024-2
© Shantaraj Debbarma 2022
Published in India 2022 by Pencil

A brand of

One Point Six Technologies Pvt. Ltd.
123, Building J2, Shram Seva Premises,
Wadala Truck Terminal, Wadala (E)
Mumbai 400037, Maharashtra, INDIA
E connect@thepencilapp.com
W www.thepencilapp.com

DISCLAIMER: *The opinions expressed in this book are those of the authors and do not purport to reflect the views of the Publisher.*

Author biography

সন্তুরাজ দেববর্মা পেশায় একজন দর্শনশাস্ত্রের সহকারী অধ্যাপক। তিনি বর্তমানে অমরপুর মহকুমায় স্থিত সরকারি সাধারণ ডিগ্রি কলেজে কর্মরত। তিনি অধ্যাপনার পাশাপাশি লেখালেখিও করে থাকেন। তিনি বিভিন্ন গবেষণা ধর্মী প্রবন্ধ এবং বইয়ের লেখক। তার জন্ম এবং কর্ম ত্রিপুরা রাজ্যে।

CONTENTS

Preface

চিঠা পৃষ্ঠা প্রকাশিত হওয়ার পর চিঠা পৃষ্ঠা খন্ড ২ প্রকাশিত হতে যাচ্ছে। এই বইয়ের লেখা গুলোও আগের বইয়ের মতো মনের মাধুর্য মাখা লেখা নয়। বরং বলা যায় অভিজ্ঞতা প্রসূত এবং বুদ্ধির দ্বারা আকারিত। বিভিন্ন সময়ে, বিভিন্ন রকমে, বিভিন্ন অবস্থায়, বিভিন্ন ব্যক্তি বর্গদের পর্যবেক্ষণ করে,বিভিন্ন ব্যক্তির সান্নিধ্যে এসে, বিভিন্ন লেখকদের লেখা পড়ে, যে ঢঙের অভিজ্ঞতা আমার হয়েছে সেটাই এই বইয়ের মূল উপজীব্য। এখানে উল্লেখিত প্রত্যেকটি কথা, শব্দ এবং বাক্য গুলো হল আমার প্রতিক্রিয়া, সেইসব ঘটনার যার সম্মুখীন (প্রত্যক্ষ এবং পরোক্ষভাবে) আমি হয়েছি। কৃতজ্ঞতা স্বীকার করছি সেই সকল আলোকচিত্রকর এবং মডেলদেরকে যাদের ছবি অনুপ্রেরণা যুগিয়েছে ছবি আঁকাতে।

তারা জানে না

1. 1 কি চাইতে হয় এবং কি চাওয়া যায়

কি চাইতে হয় এবং কি চাওয়া যায়
তারা জানে না
কতটুকু আছে অধিকার এবং সেটা পাওয়ার উপায়
তারা জানে না
অন্যরা যা শিখিয়েছে, সেটাই মুখস্থ করেছে
নিজের কথা নিজে বলতে
তারা জানে না
এখনো রাস্তা পানীয় জল মল এসবের মধ্যেই আছে
নিজের নগরে দ্বিতীয় নাগরিক হয়ে গেছে
তারা জানে না
তবুও বিশ্বাস রাখে, আশা করে নতুন জীবনের
কিন্তু কতটুকু সফল হবে
তারা জানে না

22.03.2021

1.2 পুরান প্রবাদ

বিভাজন উন্নয়ন শান্তি সম্প্রীতি
বছর ঘুরে আসলেই শুনা যায় এই কথা গুলি
যারা উন্নয়নের কথা বলেছে তারাই বিভাজনের উন্নয়ন
করেছে
যারা শান্তির কথা বলে তারাই সম্প্রীতি নষ্ট করেছে
ঘা দিয়ে মলম লাগানো
এটা অনেকদিনের প্রবাদ পুরানো

07.4.2021

1.3 আরো কথা অন্য সময়

কেউ কেউ কোনায় বসে সিগারেট খাচ্ছে
সব টেনশনকে ধোঁয়ার সাথে উড়িয়ে দেওয়ার ব্যর্থ চেষ্টা
চালাচ্ছে

দই বিক্রি যেহেতু লোকের ভিড় তাই দু পয়সা
রোজগারের আশায় চলে এসেছে।
কিন্তু কাউকে কিনে খেতে দেখিনি

খোলাতে পেচ্ছাপ করার আনন্দই আলাদা
বিশেষ করে অনেকগুলো লোক যখন শৌচাগার ব্যবহার
করে

৩২ - ৫৬ ড্রাইভারকে বলছি তাড়াতাড়ি আসার জন্য,
নায়েক সুবেদার অমুক তমুক কে রিপোর্ট করতে বলা
হচ্ছে-

এধরনের মাইকিং এই গরমের মধ্যে উত্তাপ যেন আরও
বাড়িয়ে দেয়

কোভিড কেয়ার সেন্টারের সামনে লাইন দেখলে মনে
হবে
সরকার শুধু শুধু সামাজিক দূরত্বের কথা প্রচার করে
টাকা এবং সময় নষ্ট করছে।

অভিনয় করার জন্য যে অভিনয় স্কুলে যেতে হয় এটা
আমি আগেও মানি না
এবং এটার প্রমাণ ভোটের কাজ পেলে আরও প্রকট
ভাবে প্রদর্শিত হতে দেখা যায়।

এধরনের মিশ্র ঘটনার সাক্ষী হয়ে প্রায় ১২ টায় মারুতি
ভেন এবং কমান্ডার জীপ নিয়ে পোলিং স্টেশনের
উদ্দেশ্যে রওনা।

(আরো কথা অন্য সময় মনে করার সময় নেই)
16. 04. 2021

1.4 তৈসাখান্দাল

রিজার্ভে থাকার অভিজ্ঞতা একের অধিক
তবুও সেন্টারে বসে থাকার অভিজ্ঞতা শূন্য
নতুন টিমে রিপ্লেস পেয়ে
পৌঁছে গেলাম তৈসাখান্দালে
07.4.2021

1.5 অমরত্বের কামনা

মানুষ খুব তাড়াতাড়ি নিজের মৃত স্বজনদের ভুলে যায়
এটা জেনেই হয়তোবা প্রাচীন লোকেরা পূর্বপুরুষদের
স্মরণার্থে বাৎসরিক নানা আচার অনুষ্ঠানের সিদ্ধান্ত দিয়ে
গিয়েছেন
যাতে উত্তর পুরুষদের মনে সব সময় বিরাজমান থাকে
08.04.2021

1.6 চাঁদের আলো & বন্ধু

চাঁদের আলোতে স্নান
বন্ধুত্ব নিয়ে চিন্তা
কম্বিনেশন টা যেন অন্যরকম
বন্ধু বলতে যদি ন্যায়গত ভাবে একে অপরকে সাহায্য
করা হয়
তবে তা মানা যায়
কিন্তু অন্যায় ভাবে পক্ষপাতী হয়ে সুবিধা লাভ করার
জন্য হয়
তবে বলতে হয়
আমি বন্ধুত্বে বিশ্বাস করি না
ন্যায় এবং কর্তব্যে বিশ্বাসী

পরিচয় বাড়ানো পরিচিতি বাড়ানো
দরকার আছে কোনো
নিজ নিজ অবস্থান বুঝে কর্তব্য সাধন করলে
মন্দকে পারি খাঁচায় বেঁধে রাখতে

21.04.2021

1.7 লোভ বলব না অক্ষমতা

একটা উদ্দেশ্যকে সাধন করার লক্ষ্যে
বিভিন্ন কর্মপন্থা রূপরেখা নির্ণয় করে
মাঝ রাস্তায় স্টিয়ারিং ছেড়ে দেয়
অন্যায় বলব না উদ্দেশ্যের প্রতি অনীহা
একটা কর্মফলকে অনেক ভাবেই ব্যবহার করা যায়
পুকুর খনন করলাম মাছ চাষের জন্য
পুকুরের জল নিঃশেষ করলাম ধান চাষের জন্য
কি প্রকারের মানসিকতা
অন্যায় বলব না উদ্দেশ্যের প্রতি অনীহা
লোভ বলব না অক্ষমতা
22.04.2021

1.8 নেশা না করে সত্যিই বাঁচা মুশকিল

যারা নেশা করে তাদের মুখে ইংরেজি শুনতাম
এখন সবার মুখেই যখন তখন ইংরেজি শুনি
এজন্যই অভিজ্ঞরা বলে দুনিয়া নেশায় ডুবে গেছে
নেশা না করে সত্যিই বাঁচা মুশকিল
27.04.2021

1.9 যতটা থাকলে অস্তিত্বশীল বলা যায়

তুমি এসেছ... এসো

তুমি হয়তো অবাক হয়েছ
হয়তোবা হয়নি, আমাকে এ অবস্থায় দেখে
তুমি হয়তো ভেবেছ এখানে এসে তুমি দেখবে
আমার অনেকগুলো শাখা হয়েছে
অনেকগুলো প্রশাখা হয়েছে, অনেকগুলো সবুজ সবুজ
পাতা
এ অবস্থায় দেখবে হয়তো আশা করনি
হয়তোবা কোন আশায় করনি
বেড়া দিয়েছিলে তুমি, আমাকে রক্ষা করার জন্য
আজকাল কি কেউ বেড়া মানে!
শুধু বেড়া দিয়ে রক্ষা করা, হয়তোবা আগের দিনে করা
যায়
তোমার এটা জানা আছে কিনা জানি না
পরিস্থিতির কাছে ছেড়ে দিয়েছ আমাকে
হয়তোবা
তবে এটা দেখে তুমি খুশি হয়েছ হয়তোবা
যে আমি এখনো আছি
যতটা থাকলে অস্তিত্বশীল বলা যায়

29.04.2021

বেলা শেষে

2.1 বেলা শেষে

সবাই চায় বেলা শেষে কেউ একজন পাশে থাকুক
মৃত্যুর দিন অন্তত কেউ একজন কাঁদোক
স্বার্থপরতা মানুষের স্বভাবে
পরার্থপরতার মৃত্যু স্বভাবের অভাবে
বাঁচার ইচ্ছার মধ্যেই স্বার্থ লুকায়িত
কর্ম আর আচরণের মাধ্যমে প্রতিফলিত

02.05.2021

2.2 সে কাহিনী হয়ে রইল

সময়ের ধুলোয় দিনটা আজ ম্লান
চেনা অচেনা হাওয়ায় স্তব্ধ হয়েছিল সাজানো বাগান
কায়া ছেড়ে মায়া ত্যাগ করে কোথায় করল গমন
কিছু সময়ের জন্য থামিয়ে দিয়ে গেল চরণ
থেকে গেল শুধু কথা আর স্মরণ

তারিখ ফিরে এল

কথা মুখে এল
স্মৃতি মনে এল
যাকে ঘিরে এত ভাবনা বইল
সে কাহিনী হয়ে রইল
09.05.2021

2.3 বুদ্ধিমান কারা?

বুদ্ধিমান জীব কারা?
যারা জানে মাছের তেলে মাছ ভাজা
তেলের দাম বেচে গেল

বুদ্ধিমান নেতা কারা?
যারা জনগণের টাকায় করে জনসেবা
কেননা জনসেবা হল এমন কর্ম
যা অবশ্য করণীয় এবং পরম ধর্ম
তাই বুদ্ধিমানেরা এমন পথের নেয় সুযোগ
যেখানে লাগে না কোন বিনিয়োগ
সেবাও হল, নিজের পকেটের টাকাও বেচে গেল
উপরি পাওনা বা বোনাস হিসাবে পেল
সুনাম - আশীর্বাদ - ভক্তি
আর ভক্ত জুটে গেলে
দেরি হয়না হতে দেবত্ব প্রাপ্তি
যা মনুষ্য জীবনের উদ্দেশ্য বা সমাপ্তি
21.05.2021

2.4 সময় বড্ড কম

সময় বড্ড কম, কিন্তু হাতে অনেক কাজ
নতুন লেখায় লিখতে হবে প্রাচীন ভারতের ইতিহাস

প্রাইভেটের প্রতি এত প্রীতি
প্রাইভেট সরকার হতে বেশি নেই দেরি
25.05.2021

2.5 শরীর নড়াচড়া

শারীরিক নড়াচড়া আর কর্ম করার মধ্যে পার্থক্য আছে
শারীরিক নড়াচড়াকে কিছু শর্ত পূর্ণ করতে হয়
কর্মে উত্তীর্ণ হবার হেতু
অনেকে বলে কর্মতো করেছি, ফল কোথায়?
উত্তরে বলতে হয় সব কর্মের ফল তাৎক্ষণিক হয় না
আর সব শারীরিক নড়াচড়া কর্ম হয় না
আর যে কর্ম কর্মই না সে কিভাবে ফল প্রসব করবে?
তাই শারীরিক নড়াচড়া আর কর্ম করার মধ্যে পার্থক্য
বুঝতে হবে

সব শারীরিক নড়াচড়া কর্ম নয়
সব কর্ম কর্তব্য কর্ম নয়
সব কর্তব্য কর্ম নিষ্কাম কর্ম নয়
সব নিষ্কাম কর্ম ধর্ম নয়
সব ধর্ম মুক্তির পথ নয়
উপপথ মাত্র
মুক্তি এক নয় বহু

মনুষ্য জীবনে একজন বহু বার মুক্তি পেতে পারেন
আর কর্ম হেতু আবার আবদ্ধও হয়ে থাকেন
এটি একটি ধারাবাহিক প্রক্রিয়া
নিষ্কাম কর্মেও আছে শুয়ে মুক্তির মায়া
যতদিন কর্ম, এর নেই কোন অন্ত
শারীরিক নড়াচড়াকে কর্ম হওয়ার জন্য পার হতে হয়
তিনটি বিষয়

31.05.2021

2.6 আলপনার আঙুল

হেডমাস্টার চাই আলপনা হবে গোল
ক্লাস দিদিমণি বলে গোলে আছে ভুল
ছাত্র ছাত্রীগণ করে হট্টগোল
বাকী শিক্ষক শিক্ষিকাগণ চর্চায় মশগুল
এই টানাটানিতে বেঁকে বসে আলপনার আঙুল

31.05.2021

2.7 পিপাসা

পিপাসা মেটানোর জন্য মানুষ কত কিছু না করে!
পাশে নির্মল জল থাকা সত্ত্বেও
বিভিন্ন নামী অনামী ঠান্ডা পানীয় খোঁজে
শেষে সেই নির্মল পানীয়তেই ফিরে আসে

পিপাসা মেটানোর জন্য মানুষ কি না করে!
সুখের সন্ধানে মানুষ কত জঙ্গল না কেটেছে
কৌটোতে বীজ রাখাই নেই-
কৌটো পেলেই কি বীজ পাওয়া যাবে?

06.06.2021

2.8 এ কেমন বিচার

পুকুরে মাছ ধরতে গিয়েছে
যা যা উপকরণ মাছ ধরতে লাগে সবই নিয়েছে
মাছ ধরতে যেরকম পোষাক পড়লে সুবিধা হয় তাও
পড়েছে
এবং মাছ ধরা সুন্দর ভাবে ঠিক ঠিক সুসম্পন্ন হল
মাছ খাওয়াও হয়ে গেল
কিছুদিন পর কেন জানিনা মাছ পছন্দ হল না
ঠিক আছে মেনে নিলাম মাছ খেয়ে পছন্দ হয়নি
এরকম হয়েই থাকে। আমরা কোন কিছু ভোগ করার
পরই জানি জিনিসটা কিরকম
তাই বলে 'আমিতো মাছ ধরেনি', ' মাছ খায়নি'
'শুধু পুকুরে স্নান করতে গিয়েছিলাম' - এরকম কথা কি
বলা যায়!
এ কেমন বিচার
পুকুরে স্নান করতে এত আয়োজন
সত্যি বড় লোকের বড় চাল চলন
আমাদেরতো শুধু দেখার অধিকার আছে

10.06.2021

2.9 আবার পরিক্ষায় বসতে হবে

দিনের শুরু থেকে শেষ হওয়া পর্যন্ত
শিক্ষার হয়না সমাপ্ত
পত্র পত্রিকার খিচুড়ি খবর থেকে শুরু করে
বাজার হাটের কেনা বেচার ঝামেলার অভিজ্ঞতা,
আকাশবাণী থেকে দেহ মনের কত রকমের বার্তা
মুখ বাঁচানোর জন্য মাস্ক, আর জীবনের জন্য টিকা।
অবিরাম প্রবাহিত দূরদর্শনের চিত্র বিচিত্রের উপস্থাপনের
প্রচেষ্টা
আর (অ)মত মাতানো তোতাপাখির প্রতিধ্বনি
অদ্ভুত, অব্যাখানীয়, অবর্ণনীয়, অবরণীয় যুক্তি
আমরা প্রত্যেক ক্ষণ, দিন, বিভিন্ন মাধ্যমে শিখি
কিন্তু, এই দেখা, জানা, শুনা শিক্ষার আড়ালেও
কিছু অ-উপস্থাপিত, অ- প্রদর্শিত, অ- কথিত কিছু
জিনিস রয়ে গেল না তো!
অনেকগুলো আলোকিত জ্ঞেয়ের পেছনে অনালোকিত
কিছু রয়ে গেল না তো!?
ছায়াকেই সঙ্গ করে, কায়াকে না জেনে
প্রতিরূপকে রূপ ভেবে রূপকথায় সুখী হচ্ছি না তো!

13.06.2021

এখনো উড়ছে

3.1 এখনো উড়ছে

উড়ছে আর উড়ছে
এখনো উড়ছে
জানিনা কবে বাসা পাবে

হ ঠিকই পাগল আর ভক্তের মধ্যে তেমন কোনো নাই পার্থক্য
তারা সবসময়ই থাকে নিয়ে স্তুতি, শব্দ আর বাক্য
30.06.2021

3.2 জীবন রঙিন কিভাবে হয়?

জীবন রঙিন কিভাবে হয়?
প্রেম কি জীবনে রঙ আনে?
বিনা প্রেম কি জীবন রঙিন হতে পারে না?
আমরা শুনি
বিভিন্ন মাধ্যমে দেখি
অমুকের জীবন হল রঙিনময়

কারণ তার জীবনে অনেকগুলো প্রেমের হয়েছে আগমন
বস্তুত প্রেম হচ্ছে মরসুমের হাওয়া
অভাবী মনের পূর্ণতা পাওয়া
মন-মানসিক এবং দেহ-দৈহিক সামঞ্জস্য অভিজ্ঞতা
সম্ভাবনা গুলোর প্রকাশনা, প্রদান করে জীবনে রঙিনতা
কারোর আসা যাওয়াতে, বর্ষার হাওয়াতে
কারোর ঘর ভাঙে না
একটি মাত্র ঘটনার দ্বারা
সিদ্ধান্ত গ্রহণ করা
মানে একটি পাতা দেখে
সব পাতা গোল বলা
08.07.2021

3.3 মা তুমি কি বুঝ না

মা তুমি কি বুঝ না আমার মুখ দেখে
আমি খেতে চাই
মা তুমি কি বুঝ না আমার আওয়াজ শুনে
আমি কোলে যেতে চাই
মা তুমি কি বুঝ না আমার নাচন কুদন দেখে
আমি হাঁটতে চাই
08.07.2021

3.4 কেউ বলবে না নক্ষত্র পতন

কেউ বলবে না নক্ষত্র পতন

কিন্তু কারোর কারোর মনে ওঠেছে আন্দোলন
একটা কর্মের হয়েছে সমাপ্তি
আর অনেকগুলো কর্মের হবে প্রাপ্তি
কেউ জানে না কার কিভাবে শেষ হবে
কেউ আগে আলিঙ্গন পায়, আর কেউ পরে
পার্থক্য শুধু এটুকুই
কেউ পায় প্রয়োজনে, আর কেউ প্রয়োজন ফুরিয়ে গেলে
09.07.2021

3.5 বেড়াতে বেড়াতে

শহরে বেড়াতে গিয়েছি
অনেকগুলো উঁচু বিল্ডিং দেখেছি
বাড়িতে এসে বললাম মাকে
রাজমিস্ত্রী হতে হবে আমাকে
মা বলল তবে তোমাকে কাজ শেখার জন্য
যেতে হবে ভাল রাজমিস্ত্রীর কাছে

সমুদ্রে বেড়াতে গিয়েছি
অনেকগুলো বড় বড় জাহাজ দেখেছি
বাড়িতে এসে বললাম মাকে
জাহাজ তৈরী করতে চাই আমি
মা বলল তবে তোমাকে কাজ শেখার জন্য
ভাল জাহাজ নির্মাতাদের কাছে যেতে হবে

বৃষ্টি ভিজে জ্বর হল আমার
মা আমাকে নিয়ে গেল হাসপাতাল

বাড়িতে এসে মাকে বললাম
ডাক্তার হয়ে আমিও রোগী দেখব
মা বলল তার জন্য অনেক দরকার নলেজ
তোমাকে যেতে হবে মেডিকেল কলেজ

ভোটের দিন হল ঘোষণা
নেতা মন্ত্রীদের বাড়ল পাড়াতে আনাগোনা
শুনে তাদের বক্তৃতা
আমারও মনে জাগল ইচ্ছা
সমাজের সেবা করব, দেশ কে সঠিক দিশাতে নিয়ে যাব
মা আমাকে কি করতে হবে, কোথায় যেতে হবে বল
মা চুপ করে এমন ভাবে রইল তাকিয়ে
যেন কি বলবে আর কি না বলবে তা গেল হারিয়ে
আবার তাগিদ দেওয়াতে
মা বলল আস্তে করে
এমন শিক্ষা কোথায় দেওয়া হয় তা জানি না
যতটুকু আমি জানি হতে নেতা
লাগে না কোন প্রাতিষ্ঠানিক শিক্ষা
শুধু লাগে ভোটে জেতা

আমি বললাম এ কেমন বিচার!
যাদের কাঁধে থাকবে সমাজের গুরুভার!
তাদের লাগবে না অনুশীলন দক্ষতার!
সামঞ্জস্য শিক্ষা প্রেম বুদ্ধি এবং আত্মার!

11.07.2021

3.6 এটা নতুন কিছু নয় গণতন্ত্রে

আইন তৈরী করে সবাই মিলে
গরীবেরা ধরা পড়ে আইনের জালে
ক্ষমতাবানরা আইনের জাল ছিঁড়ে
এটা নতুন কিছু নয় গণতন্ত্রে
ঘটনা ঘটে, চিন্তা চলে
কথা ফুটে মুখে
কেউ দেয় উগরে
কেউ বাক্য ব্যবহার করে বুঝেসুঝে
দুদিন পরে, আরেকটা ঘটনার চাপে
ডুবে যায় সময়ের তলে
এটা নতুন কিছু নয় গণতন্ত্রে
18.07.2021

3.7 দরজা যায় খুলে

বৃষ্টির আহবান শুনে
দরজা যায় খুলে
ধরণী সুগন্ধি ছাড়ে নেচে গেয়ে
চঞ্চল তার আঁচল যায় পড়ে
গুন গুন আওয়াজ শুনা যায়
নতুন সবুজ পাতার কিনারায়
পুবের হাওয়া যায় বয়ে
মন আমার যায় তার সাথে উড়ে
হারানো সময়ে হারিয়ে যেতে

18.07.2021

3.8 তাঁর স্পর্শকে চিনি

তাঁর স্পর্শকে চিনি, আঘাতকে নয়
তাঁর বিশ্বাসকে চিনি, সন্দেহকে নয়
আত্মা বলে যদি থাকে কিছু
তাঁর আত্মার সাথে মিলনের ইচ্ছা রাখি
পরমের কাছে এই প্রার্থনা করি
আমাকে যেন প্রদান করে এমন শক্তি
কোন শুভ মুহূর্তে তাঁর সাথে দেখা হয় যদি
তাঁর দেওয়া এই চোখ এবং
হৃদয় যেন তাঁকে চিনতে পায়
01.09.2021

3.9 নতুন করে আবার টের পেলাম

নতুন করে আবার টের পেলাম
সময়ের ব্যর্থতাকে
এখনো জমা আছে... জল
শুধু ফুটো পাওয়ার অপেক্ষায় ছিল
জীবন ক্রমের এই পর্যায়ে এটা শেষ হওয়ার নয়
05.09.2021

ইচ্ছার জয় হোক

4.1 ইচ্ছার জয় হোক

তোমার ইচ্ছারই জয় হোক
যথাযোগ্য পালনের চেষ্টা হবে
হরে কৃষ্ণ.... হরে কৃষ্ণ....

05.09.2021

4.2 নিজের মতে অনড় সবাই

সহজকে সহজ থাকতে দেয় কোথায়...
নিজের মতে অনড় সবাই
যুক্তি - তর্ক ইত্যাদি প্রথাগত প্রার্থনাতেই মানায়
কেউ কি পেরেছে কারোর চিন্তাকে করতে জয়
যুদ্ধ - দ্বন্দ্ব নিজের সাথে করতে হয়
জগতের সাথে প্রেম- সন্তুষ্টির কথা কয়তে হয়
তবেই তোমার শান্তি বা সরল...

11.09.2021

4.3 টাকা ছাড়া

বলতে কেমন কেমন
এই সকাল সকাল ওঠে
খালি পেটে...
আড়াই -তিন ঘন্টা গাড়ি চালিয়ে

মাঝে মাঝে মাঝ রাস্তায় দাঁড়িয়ে হাঁপিয়ে বমিয়ে
"সেখানে " গিয়ে
কি লক্ষ্য পূরণ করতে চাইছি
স্যালারি?
টাকা ছাড়া বাঁচা
মানে মরা

21.09.2021

4.4 ভুলা যাবে না

পাথরে লেখা কথা গাছ-গাছালিতে ঢেকে যায়
কিন্তু মুছে যায় না
ঠিক তেমনি আজকের দিনটিও সময়ের ধূলায় ঢেকে
যাবে
কিন্তু ভুলা যাবে না

ভালোর অপেক্ষায় রইলাম
ধন্যবাদ সকলকে।
29.09.2021

4.5 আমরা সামাজিক জীব

আমরা সামাজিক জীব।
আমাদের প্রত্যেক কা...মাদের সমাজকে প্রভাবিত
করে।
সমাজের অন্যান্য...স্যদের কর্মও আমার জীবনে
প্রভাবিত করে।
আমি নিজে চা... চাইলেও সামাজিকভাবে সুখী হতে
পারি না
যদিনা সবাই একটা নির্দিষ্ট ইউনিফর্ম নীতি মেনে চলে।
হ্যাঁ আমি ব্যক্তিগত ভাবে মানসিকভাবে এবং কল্পনায়
নিজেকে সুখী ভাবতে পারি।
কিন্তু সেটা আমার কল্পনার মধ্যেই সীমাবদ্ধ থাকবে,
বাস্তবে এবং বাহ্যিকভাবে এর কোন প্রভাবই থাকবে না।
04.10.2021

4.6 Corona এর প্রতি কৃতজ্ঞতা

করুনার জন্য এখন সবারই মুখে মাস্ক
করুনার আগে মাস্ক ছিল না ব্যাপারটা নয় এমন
সেই মাস্কে ঢেকে আছে অদৃশ্য আচরণ
ফলতঃ মানুষ চিনতে অসুবিধা এবং হত ভ্রম
বাহ্যিক কোন ইঙ্গিত না থাকার দরুন
সেই বিষয়ে চিন্তার দৌড়ও যেত আটকে
কিন্তু করুনা আসার পর
সবার মুখে মাস্ক থাকার ফলে

আমাদের চিন্তা গতি পেয়েছে
মুখে যদি মাস্ক থাকে, তবে মনে এবং আচরণে...
সত্যি সত্যি মাস্ক নেই তা হলফ করে বলা যাচ্ছে না!!
কারণ সমঝদারদের জন্য ইঙ্গিতই যথেষ্ট

জীবনে মাস্ক কতটা অপরিহার্য তা জীবনই জানিয়ে দেয়।
12.10.2021

4.7 উৎসর্গ এবং গ্রহণ

আমি আমার হাসিকে হারিয়েছি
কিন্তু এখনো আমার প্রেম শুকিয়ে যায়নি
উৎসর্গ এবং গ্রহণ - এ দুটো জিনিসের বড়ো প্রয়োজন
যদি সংসারে হারিয়ে যেতে না চাও

22.10.2021

4.8 ভালো জীবন কাকে বলে

আত্মার সুপ্ত সম্ভাবনার সম্পূর্ণ উন্নতি সাধন
অতিবাহন করা ভারসাম্য জীবন
আত্মা যখন নিজ স্থানে হয় প্রতিষ্ঠিত
তখনই আনন্দ হয় জাগ্রত
ভালো জীবন কাকে বলে
ন্যায় -নীতি পূজিত হয় যেখানে

01.12.2021

4.9 ইতিহাস শিক্ষা প্রসঙ্গে

মনে করেন আপনি একটি ঘরে আছেন
সময় মতো আপনাকে খাবার দেওয়া হয়
এবং আপনাকে দুধরনের খাবারই দেওয়া হয়
ডাল ভাত
আপনাকে প্রত্যকদিন বলা হয় যে এখানে এই দুধরনের
খাবারই পাওয়া যায়
ধীরে ধীরে আপনার মনে দৃঢ় ধারণা হবে যে এই দুটি
খাবারই এখানে আছে
যদিনা আপনি ঘরের বাইরে গিয়ে, বাজারে গিয়ে
কি কি খাবার পাওয়া যায় তা না দেখে থাকেন।
27.11.2021

সুখকে পরম রূপে ভ্রম হয়

5.1 সুখকে পরম রূপে ভ্রম হয়

সুখ পরমের সাথে অঙ্গাঙ্গিভাবে জড়িত হওয়ার দরুন সুখকেই পরম রূপে ভ্রম হয়।
সুখকে পরম বলা যায় না কেননা ক্ষুধা এবং কামনার সন্তুষ্টি হল সুখ।
এই ক্ষুধা এবং কামনাকে বিচারের দ্বারা পরিচালিত করা জরুরী।
ক্ষুধা এবং কামনা গুলো হল আমাদের অনুভূতি।
কিন্তু আমাদের নৈতিক জীবনের সাথে যুক্ত।
অনুভূতি আমাদের জীবনের পথ প্রদর্শক হতে পারে না।
তাই সুখ পরম না হয়েও পরমের সাথে জড়িত।
পরম হচ্ছে এমন যাকে বিচারের মাধ্যমে অনুসরণ করতে হয়।

16.12.2021

5.2 মা এখন কিছুটা ঝুঁকে ঝুঁকে হাঁটে...

জল কাদা লম্বা রাস্তায় লম্বা গাড়ি টানছি
যেখানে দাঁড়ানো দরকার বা উচিত - দাঁড়ায়নি
হঠাৎ সামনে দেখি মা
আগে যেভাবে চিনতাম সেরকম না
কিছুটা আলাদা
সেও কিছু বলেনি, আমিও অ- বাক
শুধু দুজনে দুজনের দিকে চেয়ে রয়েছি
সেই চাওয়ার মধ্যে কি বলতে চেয়েছে
উদ্ধার করতে পারিনি
শুধু সম্ভাবনা -বিস্ময় - প্রশ্ন চিহ্ন পেয়েছি
যা বিচারের বিষয়বস্তু
তারপর সে হাঁটতে শুরু করল বাড়ির দিকে
আমার পা দুটি তার অনুসরণ করতে লাগলো
মা এখন কিছুটা ঝুঁকে ঝুঁকে হাঁটে...

19.12.2021

5.3 সব কিছু আমরা নিজেরা স্থির করতে পারি না

সব কিছু আমরা নিজেরা স্থির করতে পারি না
কিছু আছে যেগুলো আমাদেরকে আবিষ্কার করতে হয়
নৈতিক গুণের মানদণ্ডও এরকম একটা বিষয় যা
আবিষ্কারের বিষয়
যথাযথ ভাষা ব্যবহার করার ব্যার্থতা
অন্যকে যেমন অপ্রস্তুত করে
তেমনি অন্যের মনে মন্দ ভাব প্রোথিতও করে

20.12.2021

5.4 কর্ণের বউ

কর্ণের বউয়ের ব্যাপারেও কম কথা গাঁথা হয়নি
লেখকরাও কেন জানিনা
সেই মহাকাব্যের চরিত্রের উপর ভিত্তি করে লেখে
পড়তে মন্দ নয় কিন্তু ধন্দ সৃষ্টি করে

29.12.2021

5.5 একদিন তুমিও থাকবে না, আমিও থাকব না

একদিন তুমিও থাকবে না
আমিও থাকব না
এই জরা- অজরা জগতে
তবে যতদিন ভাব থাকবে, ভাষা থাকবে, মানুষ থাকবে,
সমাজ থাকবে
ততদিন আমাদের কথা ওঠবে
কোন এক অলস অবসরে
চায়ের টেবিলে
পারিবারিক মিলন অনুষ্ঠানে
ধর্মানুষ্ঠানে
মোবাইলে - মেসেজে
আমাদের কথা থাকবে
আমরাই শুধু থাকবনা...

29.12.2021

5.6 সবার প্রয়োজন - প্রেম

একই শব্দ সব জায়গায় ব্যবহার করা যায় না
কারণ সবার কান সমান নয়
কারণ সবার স্থান সমান নয়
কিন্তুএকটি শব্দ সব জায়গায় ব্যবহার করা যায়
কারণ সবার এটা প্রয়োজন
প্রেম

03.01.2022

5.7 জীবনের প্রেক্ষিতে... অনন্তের অনুসন্ধানে

বাতাসে ভালবাসা বইছে...
কতদূর বইবে... কতদিন এই আবহাওয়া থাকবে
সেটা বড় ব্যাপার নয়
ভালো বাতাস বইছে সেটাই বড় কথা
দেহ- মনে মেখে নেওয়া
জীবন রসের স্বাদে

এই তরী কোন শুভ ক্ষণে পাবে না তীর
এই তরী কোন ক্ষণে থাকবে না স্থির
তাই বলে কেউ কি এই তরীতে পা দিতে

পেয়েছে ভয়!
নিশ্চয়ই নয়
পতঙ্গ পুড়বেই...
বৃষ্টি ভেজাবেই...
জীবন ঝড়বেই...
জীবনের প্রেক্ষিতে... অনন্তের অনুসন্ধানে

04.01.2022

5.8 যারা পড়ে না তারাও পড়া...

দুনিয়াটা পুরোই সার্টিফিকেট সর্বস্ব হয়ে গিয়েছে
জন্ম থেকে শুরু... শেষ মৃত্যুতে
কি শিক্ষা... কি টিকা...
জীবন একেবারেই সম্ভব নয় সার্টিফিকেট ছাড়া
আপনার অস্তিত্ব নয় প্রমাণিত
আপনার উপস্থিতিতে
আপনার অস্তিত্ব হয় প্রমাণিত
সম্মানিত কেউ একজনের কলমের দাগে
আপনার চরিত্র নয় আপনার পরিচয়
পরিচয় পত্রে আপনার পরিচয়
শিক্ষা - দীক্ষা- গুণবত্তা... চাল -চলনে নয়
সার্টিফিকেটে প্রস্ফুটিত করতে হবে
আপনার ভেতর কি আছে দুনিয়া দেখবে কি করে
মানুষের চোখের শক্তি এখন খুব হাল্কা
সবাই চশমা পড়া...

যারা পড়ে না তারাও পড়া...
07.01.2022

5.9 'ঈশ্বরের পুত্রের' শরণে...

অজ্ঞানতার বশেই যদি মন্দ কর্ম হয়
আর মন্দ কর্মকে যদি অনিচ্ছাকৃত বলা হয়
তবে কর্মের কর্তাকে কর্তা বলা যাবে না
মানুষকে দোষী সাব্যস্ত করা যাবে না
মানুষ নিজের অবস্থান নিজেই রচনা করে
বিকল্প সর্ব ক্ষেত্রেই আছে
জীবনের প্রাপ্তি -অপ্রাপ্তি গুলি
জীবনে নির্বাচনের প্রতিচ্ছবি
অক্ষম যদি হয় নিজের নির্বাচনের ভার বহনে
যেতে হবে 'ঈশ্বরের পুত্রের' শরণে...
নাহলে বাঁচা মুশকিল হবে

08.01.2022

সুখ সৃষ্টি হয় শরীর খেলে

6.1 সুখ সৃষ্টি হয় শরীর খেলে

যেমন আলো আসে মোম পুড়লে
তেমনি সুখ সৃষ্টি হয় শরীর খেলে
আলো নিভে গেলে অন্ধকার নামে
দুঃখ আসে সুখের সমাপ্তিতে

10.02.2022

6.2 কোন না কোন ধাপে মানুষ পাল্টে যাবেই

কোন না কোন ধাপে মানুষ পাল্টে যাবেই
একপেশে জীবনে ক্লান্তি আসবেই
জীবনে সুস্থিতি আনার সম্ভাবনা আছে
মানুষ ইচ্ছা করে সেই সব জিনিসকেই
নিজ কর্মে মানুষ নয় ব্যস্ত
অপরের কর্মের প্রতিক্রিয়াতে সে অভ্যস্ত
ভালো যদি কিছু চাও জীবনে

চলতে হয় নিজ কর্মে বিশ্বাস রেখে

01.03.2022

6.3 'কথা বলবে না'

'কথা বলবে না' বলে নিজেই কথা বলে
এই ভাবেই দিল সে তিন ঘন্টা পার করে
নির্বাচিত কিছু জনের কাছে গিয়ে
ব্যখা করে ফিসফিসিয়ে
চুপ কর- বলার লোক নেই
লিখতে এসে কি লিখতে হবে -জানা নেই
তথাপি কেউ সাদা কাগজ দেয়নি ফিরে
এইখানেই সাফল্য বলতে হবে
উভয় পক্ষের - মুখোমুখি যারা বসে আছে

02.03.2022

6.4 তোমার অজ্ঞানতা আঙ্গুল দেখায়

তোমার অজ্ঞানতা আঙ্গুল দেখায়
অন্যের অক্ষমতাকে
তোমার অ-পক্ষতা পরিস্থিতির পাঁকে
হেলে যায় কোন একক পক্ষের দিকে
তোমার একগুঁয়েমি অপরকে শেখায়

তোমার শিক্ষা তোমাকে কাঁদায়
নতুনত্ব সর্বদাই স্বাগত
যদি হয় তা পুরাতনীর সাথে সুসামঞ্জস্য
তোমার দৃষ্টি তোমাকে বানাবে
বহুর মধ্যে একজন
নতুবা বহুর মধ্যে উদাহরণ

03.03.2022

6.5 প্রেমের কারণ কামনা

ঝগড়ার কারণ জেদ
রোগের কারণ মেদ

বাঁচার কারণ ক্ষুধা
প্রেমের কারণ কামনা

09.03.2022

6.6 তোমার রাস্তায় তোমাকে হাঁটতে হবে

তোমার রাস্তায় তোমাকে হাঁটতে হবে
একা ই
তোমার সাথে কেউ কেউ হাঁটতে পারে
সঙ্গী

কিন্তু তোমার জন্য কেউ হাঁটবে না
সত্যি

10.03.2022

6.7 ইতিহাস- নির্মাণ

মৃত্যুর পর নতুন করে হয় সম্পর্ক স্থাপন
তার কথা গুলোর তাৎপর্য নতুন করে হয় নিরূপণ
খোলা বইয়ের মতো করে তার উল্লেখ
বাধার বাঁধ থাকে না, যেহেতু সেখানে আছে আবেগ
যারা বলার জন্য বলে যায়নি
তাদেরই এত কথা উৎপাদন হয়,
মৃত্যু -বীজের কারণে
আর যারা বলার জন্য বলে গিয়েছে
যাদের ভাবশিষ্য বর্তমান
তাদের নামে হয় ইতিহাস- নির্মাণ

13.03.2022

6.8 কোন ছড়ার জল কোন নদীতে মিশে

কোন ছড়ার জল কোন নদীতে মিশে
দেখা যায় কোন পাহাড়ে?
কোন পয়সা খরচ হয় কোন টাকাতে

দেখা যায় কোন ছবিতে?
শান্তি বিক্রি হয় বিকাশের নামে
দেখা যায় কোন দেশে?
জাতি কখন বেইজ্জতিতে পড়ে
দেখা যায় কোন উপত্যকাতে?

21.03.2022

6.9 না হলে জাগতে হয়

অনলাইনে ফর্ম পূর্ণ করা
আর গেম খেলা
দুটিই জাগিয়ে রাখে
কারণ একটার পর আরেকটা ক্রম আসে
যা কর্তা বা খেলোয়াড়ের উৎসুকতাকে তাজা করে
সবই নেশা, নিয়ন্ত্রণ না থাকলে
মানুষকে বুঝতে হয় কোথায় থামতে হয়
না হলে জাগতে হয়

বস্তুত যেকোনো ধরনের শূন্যতা পূর্ণ করাই নেশা
ফর্ম ফিলাপ করা, অথবা রাতের ফুলের গন্ধ শুঁকা
মানুষকে বুঝতে হয় কোথায় থামতে হয়
না হলে জাগতে হয়

01.04.2022

পথের বাতি জ্বলে গিয়েছে

7.1 গুণগত পড়া হয় না চার দেওয়ালের মাঝে
পড়ুয়ারা পড়া মুখি না হলে
পড়াকে পড়ুয়া মুখি করতে হবে
সে দিন অতীত, পড়াব ক্লাসে বসে
গুণগত পড়া হয় না চার দেওয়ালের মাঝে

05.04.2022

7.2 পথের বাতি জ্বলে গিয়েছে

পথের বাতি জ্বলে গিয়েছে
এবার তাদের দেখা মিলবে
হাতে বাজ্বারের ব্যাগ
আলো যেখানে একটু কম, সেখানে দাঁড়িয়ে
অথবা কোন দোকানের সামনে
অনেকে পাত্র নিয়ে আসে
আবার অনেকে অন্ধকারের মধ্যেই সেরে ফেলে
একদিনতো দেখলাম
মোটা ভারী মহিলা পুলিশকে দৌঁড়াতে

তাদের পেছনে
হঠাৎ হঠাৎ তাদেরও দায়িত্ব বোধ জেগে ওঠে
জানিনা যাওয়ার সময় তাদের ব্যাগে কি থাকে
আর দিনে তারা কিসে মজে

12.04.2022

7.3 দুই বিড়াল এক জঙ্গলে বাস করতো

দুই বিড়াল এক জঙ্গলে বাস করতো
একটা সাদা আত আরেকটা কালো
একদিন তাদের খুব ক্ষুধা লাগলো
কিন্তু কোনকিছু না পেয়ে খালি পেটে বসে থাকলো
এক বিড়াল বললো...
পাশের গ্রামে খাবারের খোঁজে যেতে...

16.04.2022

7.3 বিদ্যা জ্যোতি

বিদ্যা জ্যোতি বিদ্যালয়ের সাধারণ সভায় বসে আছি
কতটা জ্যোতি প্রাপ্ত হই দেখা যাক।
কিছু বলতে বলল....
বললাম 'বিদ্যা জ্যোতির জ্যোতিতে যাতে সমাজের লোক
জ্যোতির্বান হয় সেই কামনা করি'

আবৃত্তি শুনলাম, নাচ দেখলাম
আর কি হওয়ার বাকি... দেখি
অভাব -অনটন -নেই -নেই- এটা সবার সম্মিলিত সমস্যা

তার কথা কেউ শুনছে না, তবু আপন মনে কথা বলে
যায়
কেউ না শুনলে কথা বন্ধ করতে হয়, মানুষ এটা ভুলে
যায় কেন?
নিজের শক্তি এবং সময় তো খরচ করেই
উপরন্তু অন্যদেরও নষ্ট করে

এতবড় টাউন হল, অথচ একটি মাত্র পাখা নেই আর
ঠান্ডা বাতাস উৎপাদন কারী যন্ত্রও বিকল। বস্তুত গরমে
সবাই সিদ্ধ হচ্ছে
কেউ কেউ তো সিদ্ধ সহ্য করতে না পেরে বেরিয়ে গেল
অবশেষে শিঙাড়া মিষ্টি

18.04.2022

7.4 টুকিটাকি কথা

দশ বছর যাবৎ যে জায়গায় ছিলেন
আজ সেখান থেকেই উৎখাত হলেন
আইনের মতি
কচ্ছপের গতি

মিটিং করতে এসেছিলো বাইক চড়ে
ফিরতে হয়েছে পায়ে হেঁটে
দেখা যায় ছায়া, আলো থাকলে
জমা করা থাকলে পাওয়া যায় সুদে-আসলে

উপদেশ মূলক অনুষ্ঠানে উপদেশ দিতে এসে
বক্তা নিজেই উপদেশে গেলেন ভেসে
অবস্থা যেন লেজে -গোবরে
বারে বারে সাফ করেও যায় থেকে

কথা বলে বিদেশি ভাষায়
সিনেমা বানায় মাতৃভাষায়
তাই হয়ত এত গর্ব
এরা যা করে তাই পর্ব

টুইটের জন্য লাগবে টাকা
দেখা যাক কার ভরে আর কার হয় ফাঁকা
তোমার দেওয়ার স্বাধীনতা আছে
আমার নেওয়ার স্বাধীনতা আছে

30.04.2022

7.5 ওম শান্তি... ওম শান্তি....

অটোরাও বুঝিয়ে দিলো কোন অংশে কম নয় আমরা
দুচাকায় এদের এত বাহাদুরি! আমাদের তো তিন চাকা
রোদ -বৃষ্টি মাথায় নিয়ে তারা এত দূর পারে
আমরা আরও পারবো, আমদের মাথায় ছাদ আছে

না এভাবে বলা ঠিক নয়, সস্তা খেয়ে ব্যাঙ নাচ
হোক না সে প্রতিনিধি, তারও আছে নিজস্ব কাচ
আদর্শলোক থেকেতো টপ করে পড়েনি
এখানেই ফুলেছে, এখানেই হয়েছে বৃদ্ধি

আরেকজন যিনি বিরোধী আসনে
মনে হচ্ছে যারা রোলে আছে
ইনিয়ে-বিনিয়ে বলছে তাকে
বাড়িতে আরাম করতে
ভদ্রলোকও মনে হয় নাছোড়বান্দা
রক্ষী- ড্রাইভারদের লেগেছে, আমারতো লাগেনি,
এরকম ভাবখানা

বাড়িতে মনে হয় শান্তি থাকে না
সাধারণ লোক থেকে শুরু করে
সাধু- সন্ত - সন্ন্যাসীগণও একারণেই
বেরিয়ে পড়ে গুহা হিমালয়ের খোঁজে

সবাই যাতে যার যার পছন্দ অনুযায়ী
শান্তি -গুহা পায় এই কামনা করি!
ওম শান্তি... ওম শান্তি....

01.05.2022

7.6 ভাঙ্গা ডানা পাখি

মজদুরগণ মজদুর দিবস পালন করল নিজেদের মধ্যে
মারপিটের মাধ্যমে
এটা আবার প্রমানিত, শ্রমে একতা নেই
একতা আসে স্বার্থ-রঙে
মানুষের ধর্ম জয় করা
সংশয় দূর করা
সে অস্থির
অনিশ্চিতের হাওয়ায় দোল খাওয়া
ভাঙ্গা ডানা পাখি

03.05.2022

7.7 মনে পড়ে...

ডালডা দিয়ে রুটি ভাজা
সকালে সময় হয়না তাই রাতেই ভেজে রাখা
মনে পড়ে...

03.05.2022

7.8 ব্লাড ডোনেশন

যদি রাজধানীতে ম্যালেরিয়া হত!
দাঁড়িয়ে থাকলে পা নাড়াতে হয়
বসে থাকলে হাত নাড়াতে হয়
নাড়াতে নাড়াতে সকাল-সন্ধ্যা কাটাতে হয়

এক বন্ধুকে রাস্তায় দেখে
জিজ্ঞেস করলাম কোথায় যাবে?
বলল ব্লাড ডোনেট করতে
বললাম ভালো, তাড়াতাড়ি যাও হাসপাতালে
সে বলল হাসপাতালে যাব না, যাব আগরতলাতে
তাহলে ব্লাড ডোনেশন হবে কিভাবে?
বলল আগরতলাতে গেলেই মশারা ব্লাড চুষে নেবে
ব্লাড ডোনেশনও হবে, নিজের রক্তের রঙও দেখবে
05.05.2022

7.9 অনুকরণ শিখন

তোমার নোংরামিকে আমি কেন সাফ করবো
তোমার নোংরামিকে তুমি সাফ করো
নতুবা তোমার কাছে রাখো
আবর্জনার স্তুপ বানিয়ে, দুর্গন্ধ ছিটিয়ে
কি প্রমাণ করতে চাও!
বোকা- অদূরদর্শীতা - সহজ - সরল
অল্প কিছুতেই হয় তরল

জগত আসীম হতে পারে
কিন্তু দেখার সীমা আছে
যাদের নেচে দেখিয়েছে
তারাও তো নেচে দেখাবে
তোমাদের ভাষায় সেটা 'নাচ' নাও হতে পারে!
অনুকরণ শিখন

06.05.2022

অথবা আমি দায়ী

৪.1 অথবা আমি দায়ী

চিন্তা মাথায় না মনে কোথায় ঘুরছে
জানি না
তবে ওইটুকু জানি - চিন্তা ঘুরপাক খাচ্ছে
শব্দের ছাঁচে ঢালতে পারছি না
কি শব্দ দিয়ে শুরু করবো সেটাই খুঁজে পাচ্ছি না
এ এক বড় অস্বস্তিকর অবাক অবস্থা
যেন স্বচ্ছ জল দেখছি, কিন্তু সেটাকে গ্রহণ করতে পারছি
না
উপযুক্ত আধার না পাওয়ার দরুন
ইচ্ছা হয় ফাঁকি দিয়ে থাকার,
অন্যরা যেমন করে
কিন্তু ইচ্ছার তেজ স্তিমিত হয়
পারিপার্শ্বিক আচরণে
দুঃখিত... আমার অংশী....
তোমার পাশে থাকতে হলে....
আত্ম-মর্যাদা বিক্রি করতে হয়
এর জন্য হয়তো তুমি দায়ী
অথবা আমি দায়ী

অথবা সম্পূর্ণ আমিই দায়ী
অথবা এই জগত সংসারের কর্ম চক্রের ঘূর্ণিপাকে
তুমি - আমি পেয়াদা মাত্র
সমাধান আমার কাছে নেই
তাই ন্যস্ত কর্মে ডুবে থাকি
কিনারা যদি পাই... ঠিক আছে
না পেলেও কোন অনুযোগ নেই
ডুবে থাকাকেই পুরষ্কার হিসেবে গ্রহণ করে নেব

08.05.2022

৪.2 আমি সুখে আছি... তুমিও সুখে থেকো

কখনো খাওয়ার ফাঁকে...
কখনো কথার মধ্যে...
কখনো চিন্তার মাঝে...
কখনো কাজের ব্যস্ততায়
কখনো এমনিতেই
মনে পড়ে যায়
সেই দিনগুলো...
তোমার সান্নিধ্যে কাটানো ক্ষণগুলো
তারিখ ফিরে এল আবার
শেষ বিদায় বেলার
ফিসফিসিয়ে বলেছিলাম.... অনেক
তুমি শুননি... সেইজন্য উত্তর দেয়নি
নাহলে এমন কোনদিন কোনসময় ঘটেনি

বরং আমিই উত্তর না দিয়ে থেকেছি
শুনেও
তারই ফল পেলাম....
তুমি যেখানেই থাক না কেন, নিশ্চয়ই আমাকে মনে
পড়ে
কেননা আমারও তোমাকে মনে পড়ে
আমি সুখে আছি... তুমিও সুখে থেকো
মা

09.05.2022

৪.৩ বৃষ্টি, কবিতা আর...

বৃষ্টি, কবিতা আর তোমার হাতের শাঁখা -পলা
ঠান্ডাতেও যেন বাড়াচ্ছে উষ্ণতা

চোখের ইশারায়, শরীরী আবেদনে
চুলের উড়নে, ঠোঁটের কম্পনে
একে একে ভাঙতে চলেছে সব বাধা
ঠান্ডাতেও যেন বাড়াচ্ছে উষ্ণতা

খোলা পিঠে জানালার আলো
আজ চোখ তার এক্তিয়ারে এলো
বৃষ্টির জলে ধুয়ে যাবে সকল মনের মানা
ঠান্ডাতেও যেন বাড়াচ্ছে উষ্ণতা

রূপের রহস্য খুঁজতে যাওয়া আজ নিরর্থক
রূপের রসে সিক্ত হওয়াই সময়ের সংকেত
শরীরী ভঙ্গিতে ঈষনীয় দেহলতা
ঠান্ডাতেও যেন বাড়াচ্ছে উষ্ণতা

10.05.2022

4.4 এসেছে, কিন্তু বড্ড দেরি করে

এসেছে, কিন্তু বড্ড দেরি করে
এদিকে সে একে একে তার ইচ্ছা পূরণ করে চলেছে
ইচ্ছার সাথে ইচ্ছা মিলিত হলে
প্রেম আকার পায়
জীবন সত্যি খুবই অল্প
যাদের আকাঙ্খা বড়
কথা দেওয়া জীবন দেওয়ার সমান
আর সে কথার সাথে যদি পারিবারিক কোন জিনিসও
থাকে...
তাহলে স্মৃতি আর কল্পনাই সঙ্গী
যদি সঙ্গী গ্রহণ করার মর্ম না বুঝে...
এসেছে, কিন্তু বড্ড বেশি দেরি করে

12.05.2022

4.5 মোমের আলো, খোলা পৃষ্ঠা

মোমের আলো, খোলা পৃষ্ঠা
স্তব্ধ, বন্ধ দরজা -জানলা
বন্ধুত্বের আধুনিক প্রকার ভেদ
নিরলস প্রচেষ্টা, নেই যতি- ছেদ

19.05.2022

৪.6 ফ্যাশনই পারে

ফ্যাশনই পারে ধনী আর গরীবের পার্থক্য ঘোচাতে
ছেঁড়া প্যান্ট, বৃষ্টিতে বাড়িতে কাদা জল
জলের রাস্তাই হাঁটার রাস্তা
আজ হাঁটার রাস্তাই জলের রাস্তা

জলপথে মানুষ যাতায়াত করে
আজ বৃষ্টির জলের ইচ্ছা জেগেছে
মানুষের পথে বইয়ে যেতে
লোকেরাও খুশি কাদা জলে হাঁটতে পেরে
গ্রামের অনুভূতি শহরে, পায়ের কাছে পেয়ে
কেউ দেখে কেউ হেটে কেউ বসে কেউ গাড়িতে চড়ে
কমবেশি সবাই ভোগ করেছে
নদী পার হওয়ার অভিজ্ঞতা অর্জন করে খুশি অনেকে
সবারই আশা ' আগামী বছর আবার হবে'
খুশির কারণ আরেকটা হল
রাস্তার কিনারে জমা নোংরা সে দেখিয়ে দিল
রাস্তার কিনার থেকে তুলে রাস্তার মাঝে এনে দিল
এবার সফাই কর্মীরা তুলে নিবে

মোদ্দা কথা বৃষ্টি গরমের কামড় থেকেতো বাঁচালই
সঙ্গে মিশ্র অনেক অনুভূতি দিয়ে গেল
আহা আমার তিলোত্তমা বৃষ্টিস্নাত আগরতলা

20.05.2022

8.7 একজন মিথ্যে বলছে...

এইখানে কেউ একজন মিথ্যে বলছে
দুই প্রহর কাটানোর পরেও চিনতে যদি না পারে
কি ধরনের কাটানো এটা তাহলে!

অসীম প্রেম, প্রেম অসীম
বাধানো যায় না কোন শব্দ বন্ধনী দ্বারা
যারা অনুভব করতে পারে, তারাই পারে
এই কাটানো প্রেমের শুরু তাহলে...

যারা অন্ত খুঁজে
তাদের জন্য প্রেম নয়
যা ফিরে আসে
তা উপহার নয়

ইচ্ছার সাথে ইচ্ছা মিলিত হলে

প্রেম আকার পায়
জীবন সত্যি খুবই অল্প
যাদের আকাঙ্ক্ষা বড়
স্মৃতি আর কল্পনাই সঙ্গী
যদি সঙ্গী ত্যাগের মর্ম না বুঝে...

দেহ আছে, মন আছে
তাই হয়ত প্রেমও আছে
দুজনের মাঝে সামঞ্জস্যতা নেই
তাই বন্ধুত্বও নেই

মাংস আর মাংস পিণ্ডের পেছনে ছুট যদি
মাংস একদিন শুকিয়ে যাবে
তখন কি করবে শুনি

21.05.2022

৪.৪ তবু প্রশ্ন উঁকি দেয়...

আদতে কি কিছু পরিবর্তন হয়েছে!
না জনগণকে বোকা বানানো হয়েছে
উপরের আশীর্বাদ থাকলে বুঝি তাই হয়
পদের পরিবর্তন হলেও কর্মের কর্তৃত্ব বজায় থাকে
আর লোকলজ্জা...
সেটা বোধ হয় এই ক্ষেত্রে প্রযোজ্য না
তবু প্রশ্ন উঁকি দেয়...

এখন কি তার এক্তিয়ারে আসে
কোন পাখায় ভর করে উড়ে
সর্বস্ব সমর্পণের এই সুবিধা
শুধু নির্দেশ পালন করে যাওয়া
কিছু হলে উপরওয়ালা সামলে নেবে
মাঝে যারা চেচামেচি করবে, তারা করবেই
সীমাহীন শব্দ শুনার চেষ্টা করলে,
শ্রবণশক্তিই হারিয়ে ফেলবে, তাই....
বলতে গেলে এটা তাদের সুযোগ
নিজেদের অস্তিত্ব সর্বসাধারণের সামনে আনার
নতুন ঘটনা না পাওয়া পর্যন্ত এখন এটাই চলবে
24.05.2022

4.9 বন্ধু

এখন লোকেরা সোসাল মিডিয়ার মাধ্যমে নিজেদের
অনুভূতি, ভালবাসা এবং ইচ্ছা ইত্যাদি শেয়ার করে
এবং একে অপরকে ইমোশনালি সাপোর্ট করে।
তারা নিজেদের ডিটেলস শেয়ার করে
এবং যখনই দরকার একে অপরের সাথে সুখ দুঃখ
শেয়ার করে,
জীবনের বিভিন্ন পর্যায়ে আমরা বিভিন্ন ধরনের চরিত্রধারী
লোকের সাথে দেখা হয়।
বন্ধুত্ব গড়ে ওঠে আবার ভেঙেও যায় যখন প্রায়োরিটি
এবং দায়িত্ব পরিবর্তন হয়ে যায়।
সকল পরিবর্তনের মধ্যেও যে বন্ধুত্ব টিকে থাকে সেই

বন্ধুত্বই প্রকৃত বন্ধুত্ব।
জীবন যাত্রা সুখী হয় যখন প্রকৃত বন্ধু সঙ্গে থাকে।

৪.10 প্রেম প্রদর্শনের নয়, ধ্যানের বিষয়

দেশকে আমরা ভালোবাসি,
তবে কেন দেশবাসীর প্রতি ঘৃণা, নিচু চিন্তাধারা
ধর্মের নামে জাতপাতের নামে

শব্দের দ্বারা হয় না কিছু
ছবির দ্বারা এখন সবকিছু

প্রেম প্রদর্শনের নয়
দর্শনের বিষয়
ধ্যানের বিষয়

৪.11 মানুষের স্বভাব বন্ধনে না থাকা

বন্ধনে রাখার জন্য বাঁধিব রাখি
চঞ্চল তোমার মন যাতে না করে আকুলিবিকুলি
তুলোর সূতায় হাত বেঁধো না
প্রেমের সূতায় বেঁধো হৃদয়
তাহলেই আমাকে কাছে পাবে
নাহলে নয়

৪.12 মন মন্থন মঁজরিত লগ্নে

মন মন্থন মঁজরিত লগ্নে
শুধু মনোজগতে নয়,
মানুষ বহিঃবিশ্বেও নিঃস্তব্ধতা খুঁজে

পড়ে থাকবে কোন এক কোণে
যেদিন চুষার মতো কিচ্ছু থাকবে না তোমার কাছে...

যতদিন রস ততদিন তোমার মূল্য
পেছন ফিরে তাকানোর কষ্ট টুকু করবে না, যেদিন তুমি
শূন্য
এই সংসার নয় কেউ কারোর জন্য।
মানুষদের দোষ দেওয়া যায় না
সবাইকে তো বাঁচতে হবে
আর বাঁচতে হলে মারতে হবে
কথায় অথবা শিক্ষায় অথবা শাসনে অথবা চিন্তায় অথবা
প্রাণে
প্রকৃতির পাঠে, জৈব সংস্কৃতির পাতায় তাই লেখা,
সংগ্রাম - লড়াই - জন্ম - বৃদ্ধি - ক্ষয় - মরা...

20.08.2022

জীবনের ইন্ধন কি

9.1 জীবনের ইন্ধন কি?

কঠোর ক্লান্ত, জীবনের গতির সাথে বিচ্ছিন্ন
প্রশ্ন দেয় উঁকি, জীবনের ইন্ধন কি?
আমার জীবন কি আমার সাথে আছে
না আমি জীবনের গতিতে গতীয়মান
এ এক অদ্ভুত গোলকধাঁধা
নিয়ত খোঁজ, একই জিনিসের বিভিন্ন কার্যকারিতা
মিলনের উপায় যোগাযোগের মাধ্যম বনে
নিজ ভোগের হেতু, আপ্লূত ব্যবহারে
বিরাট বিস্তৃত সীমানা কিনারে
সুখী হওয়ার সমস্ত রসদ এরই মাঝে
খোঁজে পাবে...!

30.05.2022

9.2 যারা নকল, তারাই নকল ধরছে

যারা নকল, তারাই নকল ধরছে
যারা অস্বাভাবিক, তারাই স্বাভাবিকতার ভাণ করছে

কারোকে ভালো না করে একজন ভালো হতে পারে না
এবং কারোকে রক্ষা না করে একজন সাহসী হতে পারে
না
তেমনি একজন ব্যক্তি তখনই ভালো জীবন উপভোগ
করতে পারবে
যখন সে অন্যদের ভালো জীবন উপহার দিতে পারবে।

01.06.2022

9.3 ভালো মানুষ কারা?

ভালো মানুষ কারা?
যারা কর্মকে সার্বিক করে তোলে
তার কর্ম যেন শুধু তার কর্ম নয়,
তার কৃত কর্ম সকলের কর্ম এবং সকলের ভালোর জন্য
সাধারণ ব্যক্তি নিজের ভালো চিন্তা করে কর্ম সম্পাদন
করে,
কিন্তু ভালো ব্যক্তি সেই, যিনি সকলের ভালো চিন্তা করে
কর্ম করে।
তাই তার কর্ম শুধু মাত্র তার কর্ম নয়,
তার কর্ম সকল ভালো লোকের কর্ম।

02.06.2022

9.4 এরা কারা! কোথায় থেকে আসে?

এরা কারা! কোথায় থেকে আসে?
পূজার জন্য ভিক্ষা, মেয়ের বিয়ের জন্য ভিক্ষা
বাবার শ্রাদ্ধের জন্য ভিক্ষা
এদের জীবনই ভিক্ষার ভিতে ঝুলা
কিন্তু তাই বলে ফুটানি কম নয়
ভাবখানা যেন তারা ভিক্ষা চাইছে না
চাইছে তাদের পাওনা
সেটা যেকোনো জায়গায় হতে পারে
বাসে, রাজপথে, জনপথে, জনপদে
কখনো গাড়ি আটকিয়ে, তো কখনো গাড়ীতে ঢুকে
সরকারি দপ্তরেও ওদের চরণ পড়ে
হয়ত ভাবে সেখানে যারা বসে আছে তারা তো সেবা
দেওয়ার জন্যই
সেবা গ্রহণ করে আসি যাই
কোথায় কবে কখন তাদের আবির্ভাব হবে
স্বয়ং ভগবানরাও বলতে পারবেন না
যাদের নামে ওরা ভিক্ষা চায়

04.06.2022

9.5 চোখ যখন খুলল, সন্ধ্যা তখনও হয়নি

যাকে প্রেম বলে এতদিন ভেবেছি
আজ বিশেষ ভাবে সক্ষম করে ছেড়েছে
আমার চারিদিকে ঘুরত
তাই ভুলে ভেবে বসেছি, আমি সূর্য

সে আমার পৃথিবী
তার ক্ষুধাকে আদর ভেবেছি
তার ইচ্ছাকে মান্যতা দিয়েছি
তার লালসাকে ভালোবাসা ভেবেছি
তার হাতের পুতুল বনেছি
জানলাম হাত কেটে যাওয়ায়
তাইতো খেলেছে, যখন যেভাবে চাই
সমর্পণের ফল যে এমন হবে ভাবিনি
চোখ যখন খুলল, সন্ধ্যা তখনও হয়নি
07.06.2022

9.6 কার পরাজয় হয় না?

কার পরাজয় হয় না?
যিনি হেরে যাওয়াকে মেনে নেন না।
যিনি পরাজয় থেকে শিক্ষা গ্রহণ করেন।
পরাজয়ের অভিজ্ঞতাকে সিঁড়ি বানিয়ে যিনি এগিয়ে যায়।
এরকম মানসিকতা নিয়ে চলা ব্যক্তিদের কখনো পরাজয়
হয় না।

07.06.2022

9.7 যেদিন সবাই বলবে...

যারা চুপ করে আছে, তাদেরকেও একদিন বলতে হবে

জবাব দিতে হবে। নিজের বিবেককে
কেন বাদ- প্রতিবাদ করেনি
আজ চুপ করে থেকেও তোমার চলে যায়
একদিন আসবে তুমি চিৎকার করছ, আর লোকেরা
হেসে চলে যায়
অন্যায় যারা করে তারা তা চালিয়ে যাবেই
সহ্য যারা করে তারা সহ্য করে যাবেই
কিন্তু অন্যায়ের অন্তের দিন আসবে
আর সহ্যের সীমা ভাঙবে
যেদিন সবাই বলবে...

08.06.2022

9.4 হিসেব কোথায় যেন গোল

কেউ পারমিশন ছাড়া ঘুরে লোকেদের অস্বস্তিতে ফেলে
কেউ পারমিশন ছাড়া জড়ো হয়ে নিজেরা অস্বস্তিতে
পড়ে
কেউ সন্তানের জন্ম দিয়ে সন্তানকে নিয়ে সরবে নিজ
বাড়িতে যায়
কেউ সন্তানের জন্ম দিয়ে সন্তানকে নীরবে ঈশ্বরের
বাড়িতে ফেলে যায়
কর্ম এক, ফল অনেক
হিসেব কোথায় যেন গোল

08.06.2022

৯.৯ নিজের সাথে বন্ধুত্ব

নিজের সাথেও বন্ধুত্ব গড়ে তোলা যায়
যারা ভাবুক তারা নিজের ভাবনার সাথে সময় কাটাতে
পছন্দ করে
কারণ তারা অতীতের ঘটনা এবং ভবিষ্যতের আশা
বিবিধ বিষয়ে চিন্তা করে আনন্দ পায়
তারা নিজে নিজে কথা বলে
এবং গভীর চিন্তায় ডুবে থাকতে পছন্দ করে
এরকম ব্যক্তি নিজের চিন্তাকেই নিজের সঙ্গী বানিয়ে
নেয়।

এরকম মনে করা হয় যে
আমার বন্ধুর কাজ মানে আমার নিজের কাজ কেননা
আমি বন্ধুর নিয়ত সহযোগী
অন্যদিকে আমিও বন্ধুর কাছ থেকে সহায়তা পায়।
আমাদের চরিত্র গঠনে এবং
আমাদের নৈতিক জীবনের উৎকর্ষতায় বন্ধুর উপস্থিতি
অত্যন্ত প্রয়োজন।

বন্ধুত্ব হচ্ছে স্বভাবতই ভালো,
কেননা বন্ধুত্ব আমাদের আত্মাকে ভালো বানায়
কেননা কোন কিছু লাভের জন্য বা কোন সুযোগ হাসিল
করার জন্য আমরা বন্ধু বানায় না।
বন্ধুত্ব নিজে নিজেই সুখকর
কেননা সুখের জন্য বন্ধু নয়, বন্ধুর সান্নিধ্যে আমরা
এমনিতেই সুখ লাভ করি।

বন্ধু হচ্ছে উত্তম চয়ন কেননা
এই চয়ন আমাদের চারিত্রিক বৈশিষ্ট্যের সঙ্গে জড়িত।

09.06.2022

চিঠা পৃষ্ঠা খন্ড ২

বন্ধু হচ্ছে উত্তম চয়ন কেননা
এই চয়ন আমাদের চারিত্রিক বৈশিষ্ট্যের সঙ্গে জড়িত।

09.06.2022

স্থিত অন্তরে

10.1 পুন্য প্রেমী

যারা জিনিয়াস, নোবল এবং পুন্য প্রেমী
তারা স্বভাবতই হয় সুখী
বাইরের জিনিস কি কাজে আসবে
সবই তো স্থিত অন্তরে
পুন্য কর্মেই সুখ নিহিত
কি ছেড়ে কি নেব, সবই তো গৃহীত
বাহিরের সৌন্দর্যতা শুধু আনে উদ্বেগ
উচ্ছলিতা উদ্ভুদ্ধতা ঘনায়িত করে আবেগ
09.06.2022

10.2 জ্ঞানের খেলা

সবকিছুকে সঙ্গে নিয়ে চলা
এ এক বড় জ্ঞানের খেলা
উন্নতিতে সবারই নজর
যার যত বেশি, সমাজে তাদেরই কদর
উন্নতির মধ্যে আত্মিক উন্নতিকে বলা হয় শ্রেষ্ঠ

বিজ্ঞরা তাদের চিন্তণের সাথে থাকে সদা ঘনিষ্ঠ
বিজ্ঞদের বলা হয় স্ব - পর্যাপ্ত
বাহ্যিক অবস্থার উপর কম নির্ভর - কারণ এরা আপ্ত
এরা স্বাধীন এবং স্বরূপ -সাক্ষী
ঈশ্বর ব্যতিরেকে কারোর নয় মুখাপেক্ষী
জ্ঞানের গীত মুখে গাওয়ার নয়
জ্ঞানের গীত অন্তরের- অনুভবে বাজানোর বিষয়
এর বাজনায় পাতারা হয় নমিত, হাওয়ারা মৃদু
মেঘেরা ঘন, বৃষ্টিরা বিন্দু

10.06.2022

10.3 পাতাল

''ফিরে যাও অনুপ্রবেশকারী''এই স্লোগান তোলে
চষে বেড়িয়েছেন সারা সর্গ কাঁপিয়ে,
অনুপ্রবেশকারীদের কপালের চিন্তার ভাঁজ বাড়িয়ে...
সেলিব্রিটি বনে গিয়েছিল সামাজিক মাধ্যমের পর্দাতে
মানুষের দান, ধন, আশীর্বাদ মুখে পুড়ে
মানুষের মনে আশা আকাঙ্ক্ষা ভরসা জাগিয়ে...
সেই ফেরিওয়ালী এখন নিজেই 'Go back ' এর কূটে
তাও অনুপ্রবেশকারীদের মুখে নয়
পূর্ব অনুসরণকারীদের বিচারে
চিৎকার চড়িয়েছিল যাদের দানের আওয়াজে
তাদেরই আজ কাকুতি - Money back ... Go back ....
এমন তো হওয়ার ছিলো না

কিন্তু হয়েছে...! পথের পরিবর্তন, সম্ভবতঃ
যে কুয়ার জল ঝলিয়ে দেওয়ার কথা ছিলো
সেই জলেই নিজে স্নান সেরে ফেললো
যেখানেই যাবে, সেই আওয়াজই বাজবে
মাঠে ঘাটে রাস্তায় বাজারে
Go back... Money back....
রক্ষা পেতে পারে যদি আশ্রয় নিলে
পাতালে... বাবার ঘরে...
11.06.2022

10.4 যৌন খেলনা

অবশেষে মাছের পেটে...
তারও হয়তো একঘেয়েমি এসেছে
একা নদীতে সাঁতরে সাঁতরে
তাই নিয়ে নিল খেলনা (খেয়ে নিল) যৌন খেলনা
শুধু মানুষের না, মাছেদেরও একাকিত্ব ঘিরে ধরেছে
এটা সত্যি চিন্তার বিষয় হয়ে দাঁড়িয়েছে।
একাকিত্বের মাসুল গুনছে
কেউ লাভের, কেউ লোকসানের

২
একজনের করেছে কর্ম জ্বালাময়ী
তারই ফলস্বরূপ আরেকজন বনে গেল পুণ্যের অধিকারী
একের ছেড়ে যাওয়া মাঠে
অন্যের ফসল ফলে
কেউ আলগা নয়, সবই জড়িত

কোন কথাই নতুন নয়, সবই কাহিনীই কথিত
ভিন্ন মুখে, ভিন্ন পরিস্থিতিতে, ভিন্ন ঢঙে
জগৎ জীবন ঘূর্ণমান পুনরাবৃত্তিতে

12.06.2022

10.5 শূন্যতা...

শূন্যতা...
তার মানে পূর্নতা, সম্ভাবনাতে
কৃষ্ঞ গহ্বর...
কৃষ্ঞই এখন বেশি প্রতীয়মান
সাদাতো এখন সমাধিতে
14.06.2022

10.6 দেখেছি একটি স্বপ্ন

দেখেছি একটি স্বপ্ন, গত রাতে
প্রিয়ার মুখ, ফুলের কলিতে
ফুলের বাগান ঘুরে দেখেছি সকালে
সেই কলিকে পেয়েছি, পেলাম না প্রিয়াকে
একটি অনুরোধ এলাম রেখে
প্রিয়াকে বলো, আমি এসেছি তার খোঁজে
আর কতো দেখবো তোমাকে স্বপ্নতে
কথা বলতে চাই চোখে চোখ রেখে
অল্প আবছা দেখাতে আর মন ভরে না

তুমি ছাড়া এ শ্বাস চলতে চায় না
মেঘ গর্জে বৃষ্টি না আসার ভয় করি
তুমি পাশে না থাকায় আকাশ পাতাল ভেবে মরি
দিন পার করা দিনে দিনে হচ্ছে মুশকিল
সেই দিনটি কবে আসবে, যখন আকাশ হবে নীল

15.06.2022

10.7 কন্যার আর্তি

উঠানে পুকুরের মাছ খাবি খাইয়ে রেখো
বাড়ির পাশে বটগাছে শালিক চড়ুইদের চেঁচিয়ে রেখো
বুকে আঁচল বেঁধে শুভা পায় না
দেহে কাঁচুলি বেঁধে শুভা পায় না
আমি একজন আছি বলে ভাতের বাসন কাসলা
বন্ধ বাড়ির দরজা জানলা
অল্পতেই বকা- সকা
এখন আমি নেই, যেমন খুশি তেমনি থেকো
ধন -দৌলতে ফুলে ফেঁপে সরিয়ে থেকো
16.06.2022

10.৪ বিদ্যা অপূর্ণ থাকবে যদি...

বিদ্যার্জনে যদি লজ্জার বাধা আসে
মনে রেখো বিদ্যা অপূর্ণ থাকবে

বিদ্যার্জনে যদি ধনী দরিদ্রের কথা ওঠে
মনে রেখো বিদ্যা অপূর্ণ থাকবে
বিদ্যার্জনে যদি জাত -পাতের ব্যাপার চলে
মনে রেখো বিদ্যা অপূর্ণ থাকবে
বিদ্যার্জনে যদি নবীন -প্রবীনের অহং জন্মে
মনে রেখো বিদ্যা অপূর্ণ থাকবে
বিদ্যার্জনে যদি পুরুষ - মহিলার ভেদ আসে
মনে রেখো বিদ্যা অপূর্ণ থাকবে
বিদ্যা যেকোনো আকারে প্রকারে কারো কাছ থেকে
যেভাবেই আসুক, তাকে করা উচিত সাদরে অভ্যর্থনা
তাহলেই উন্মেষ হবে তোমার বুদ্ধিমত্তা
15.06.2022

10.9 বিদ্যা - ঔষধ- স্ত্রীরত্ন

আত্মিক উন্নতির হেতু বিদ্যা
স্বাস্থ্য সুরক্ষার হেতু ঔষধ
আর জৈব - মানসিক উৎফুল্লতার হেতু স্ত্রীরত্ন
এই তিনটি বিষয় গ্রহণে নিতে হয় বিশেষ যত্ন
বিদ্যা অর্জনে যদি ধনী -দরিদ্র, উচু- নিচু লজ্জা- শরম
আসে
তবে বিদ্যার্জন হবে অর্ধ অসমাপ্ত অপূর্ণ বিঘ্ন
স্বাস্থ্য রক্ষায়ও এই ভেদাভেদ রাখতে হবে তোলে
কিভাবে স্বাস্থ্য বিধান বজায় থাকে তা মানতে হবে
স্ত্রী চয়নে যদি করো ভেদাভেদের ভুল
সারা জীবন গুনতে হবে এর মাসুল

স্ত্রী নয় শুধু জৈব চাহিদা নিবৃত্তি আর পরিবারের সন্তুষ্টি
সকল সময়ের সব ধরনের পথের সে সঙ্গী
রূপ - রসে যদি হয় মুগ্ধ
রূপের রূপান্তরে রসের শুষ্কতায় মন হবে ক্ষুব্ধ
স্বল্প সময়ের সুখের কামনাতে
বৃহৎ বাসনা হারাবে ধূসরে

15.06.2022

চিনেছি স্বয়ংকে, তোমার মাধ্যমেই

11.1 বাবার বাগান

লাইয়ের দুই পাশে অড়ল গাছ সারি সারি
তার ছায়াতে হাঁটা, এ এক অন্যন্য অনুভূতি
বাগানে বেগুনের লটকে থাকা
বাধা কপি লাগানো লাইন সোজা
হাতির কানের মতো তার পাতা
নীরবে শুনছে যেন হাওয়ার কথা
জামড়া ফুলের গন্ধ বাগান জুড়ে
সুস্থ মানুষকেও দিবে নেশা ধরিয়ে
15.06.2022

11.2 চিনেছি স্বয়ংকে, তোমার মাধ্যমেই

চেয়েছি যেভাবে, পেয়েছি সেভাবেই
জীবন উৎসর্গ করেছি তোমাতেই
মনের কোনো এক কোণে
ভয় আছে লুকিয়ে,
যেখানে চেতনা আবছা
চিন্তা ভাসা ভাসা...

সেই ভয়কে জয় করার প্রেরণা পাই তোমাতেই
চিনেছি স্বয়ংকে, তোমার মাধ্যমেই

15.06.2022

11.3 যতদিন মন থাকে

মনে যদি থাকে মুখে ফুটবে
ইচ্ছা নিজ রাস্তা বানিয়ে ফেলবে
মনের মানুষ মনে থাকবে
যতদিন মন থাকে
16.06.2022

11.4 কেউ আসে না খোঁজ নিতে

আমি ঝকঝকে হবো কবে
বছরে একবার দেখতে আসে
বছরভর কি অবস্থায় থাকি, কেউ আসে না খোঁজ নিতে
আমি ঝকঝকে হবো কবে
মনের কথা বলবো কাকে

16.06.2022

11.5 আমার ঘরে এসো ও প্রিয়

আমার ঘরে এসো ও প্রিয়
বেরাতে...
চোখে চোখ, হাতে হাত রেখে মনের কথা বলব
চুপিসারে...
দুজন মিলে রাঁধবো বাঁধবো
সুখে...
বর্ষা শেষ হয়ে বসন্ত এসেছে
ফুলেরা ফুটতে শুরু করেছে
এই অবসরে তুমি কি চাও না আমাকে দেখতে
আমার ঘরে এসো হে প্রিয়,
বেরাতে...
সূর্য ওঠে, চাঁদ ওঠে, সময় পার হয় তোমার কথা
ভেবে ভেবে...
তোমার কি মনে পড়ে না খেলা গুলো...
খেলিতাম দুজন আলো-আঁধারে
আমার ঘরে এসো ও প্রিয়, বেরাতে...
16.06.2022

11.6 এই পথ আমার পথ নয়

এই পথ আমার পথ নয়
তবুও এই পথ দিয়েছে অনেক
শুধু বৃথা সময় নষ্ট নয়
এই পথ আমার নয়
দেখেছি অনেক নদী - নালা, পাহাড় - টিলা
ছোট - বড় গাছ গাছালি, বন জঙ্গলে ঘেরা
এই পথ আমার পথ নয়

তবুও আমার পথের হবে সহায়ক
16.06.2022

11.7 পাতারা মাটির সাথে মিশে

পাতারা মাটির সাথে মিশে
পাখিরা বাসা খোঁজে সময় এলে
যে মানুষের সাথে কথা আসে না
সেই মানুষের সাথে কথা শেষ হয় না
নিকট দূর হয়ে যায়, দূর নিকটে আসে
হয়ত এটাই নিয়ম সংসারে
19.06.2022

11.8 বৃষ্টিকে উপভোগ করো

বৃষ্টিকে উপভোগ করো
কেননা বৃষ্টি জীবন আনে,
দুর্দশা নয়।
যদি বৃষ্টির জন্য দুঃখ এসে থাকে
তবে এটা মানুষের লোভের ফল।
19.06.2022

11.9 বসন্তে তুমি আস

বসন্তে তুমি আস

বর্ষায় যাও ছেড়ে
আমি কি ভাঙা ছাতি
না বেঁধেছ কোথাও নতুন বাড়ি
19.06.2022

বর্ষায় যাও ছেড়ে
আমি কি ভাঙা ছাতি
না বেঁধেছ কোথাও নতুন বাড়ি
19.06.2022

বৃষ্টিতে তোমাকে দেখেছি

12.1 বৃষ্টিতে তোমাকে দেখেছি

বৃষ্টি শুধু মাটিকেই সিক্ত করে না
আমার ভাবনাকেও ভিজিয়ে যায়
বৃষ্টি পাতাদের পরিষ্কার করে আর পাত্রদের পূর্ণ করে
বৃষ্টিতে তোমাকে দেখেছি
বল কিভাবে বৃষ্টিকে ভালো না বেসে থাকতে পারি!
19.06.2022

12.2 বৃষ্টির গন্ধ ভালো লাগে

বৃষ্টির গন্ধ ভালো লাগে
বৃষ্টির বাজনা ভালো লাগে
বৃষ্টি জীবন আনে
বৃষ্টি যখন আসে, সবাই থামে
19.06.2022

12.3 বর্ষাবরণ উৎসবে

বর্ষাবরণ উৎসবে কয়েকদিন সবাই অন্য মেজাজে
কেউ রিকশায় দাঁড়িয়ে, তো কেউ গাড়িতে উঠে
এর আনন্দ উপভোগ করছে
কেউ রাস্তায় জাল মেরে, তো কেউ সেই জাল মারার
ভিডিও ভরে ,
বর্ষাবরণে সামিল হয়েছে
শাসকের বিরুদ্ধে দু- চারটি কথা কয়ে
নিজেদের ভূমিকা পালন করল শাসিত হিসেবে
জল ঘেরা মাঝ রাস্তায় পুশ আপ করে,
কেউ দাদা দিদিকে ফলো আপ করে
নিজ নিজ স্টাইলে বর্ষা বরণ উৎসবে মেতেছে।
উৎসবের টানে বাড়ি ছাড়া, এমনো লোক আছে
নিজেরটা বাঁচিয়ে, সরকারেরটা দিয়ে কয়েক দিন যাপন
করবে
যার যতটা সম্বল, সেভাবে সবাই ব্যস্ত উৎসবে
খাতা -কলম , মোবাইল হাতে, এদিক ওদিকের ভিডিও
দেখে
বউয়ের ভাষণ খেয়ে, উৎসবের দিন ঘরে বসে
বৃথা সময় ব্যয় করা লোকও আছে
বস্তুত সবাই ব্যস্ত বর্ষা বরণে,
নিজ নিজ স্বভাবানুসারে।
19.06.2022

12.4 বন্ধুত্ব

বন্ধুত্ব ভালো জীবনকে সম্ভব করে তোলে
মানুষের প্রকৃত স্বভাবের সাথে সংযুক্ত করে।

একাকি জীবনকে ভালো বলা যায় কি

আত্মপর অহংবাদী

সন্ন্যাসী না সংসারী

কোনটি জরুরী

নাকি সেই জীবন যেখানে একজন ব্যক্তি

তার পরিবার এবং সমাজের সাথে সহযোগের মাধ্যমে

সহমর্মিতা মনে রেখে, সহনশীলতা বজায় রেখে

নিজ সম্ভাবনা বিকাশ ঘটিয়ে সমাজে বাস করে...

২

বন্ধুত্ব হল ব্যক্তিগত সম্পর্ক...

এক ব্যক্তির সাথে অপর ব্যক্তির বন্ধন।

এই বন্ধন সম্পূর্ণ ভাবে উভয়ের নির্বাচন

কেননা বন্ধুর মধ্যে সন্নিহিত গুণ দেখেই বন্ধুত্বপূর্ণ

সম্পর্ক হয় স্থাপন।

মানুষ রাজনৈতিক জীব, রাজনৈতিক সমাজে তার বাস

যেখানে একজন ব্যক্তি বিভিন্ন ক্ষেত্রে তার টেলেন্টর

ঘটায় বিকাশ

এরকম রাজনৈতিক পরিপ্রেক্ষিতে থাকা যায় না নিঃসঙ্গ

ভালো জীবনের জন্য প্রয়োজন ভালো বন্ধুর সংসর্গ

৩

আমাদের প্রতিভাকে নৈপুণ্যে রূপান্তর করা খুবই দরকার

কারণ যখন আমাদের সুযোগ আসবে তখন সেই

সুযোগকে সর্বোচ্চ ভাবে কাজে লাগানোর নৈপুণ্য
থাকতে হবে।
আর এই নৈপুণ্যকে বিকাশ ঘটানোর জন্য আমাদের
এমন একজনের দরকার হয়
যিনি আমাদেরকে সর্বদা উৎসাহ এবং উদ্দীপনা দিয়ে
আমাদের সুপ্ত সর্বোত্তমকে প্রকাশিত করতে সাহায্য
করে।

12.5 মা... আমাদের বাড়ি ভিতরে কেন?

মা... আমাদের বাড়ি ভিতরে কেন?
লাইনের গাড়ি আমাদের বাড়ির সামনে দিয়ে যায় না
কেন?
আমাদের পাড়ার নদীতে পারাপারের জন্য সেতু নেই
কেন?
বড় রাস্তা থেকে আমাদের পাড়া পর্যন্ত রাস্তায় ইট বসানো
নেই কেন?
পাড়ার বিদ্যালয়ে যখন যেতাম
তখন কত মাটির সুখে দিন কাটিয়ে দিতাম
নদীর পারের বালি দিয়ে খেলতে খেলতে গিয়েছি
এবং ফিরেছি
রাস্তায় ইট বসানো না থাকলেও
কোনদিন হাঁটতে অসুবিধা হয়নি।
বরং ভালো লেগেছে খালি পায়ে
সবুজ ঘাসে পা রাখতে...
রাস্তার কিনারে দিগরা দেওয়া গরু ছাগল

কখনো আমরা তাড়া করি... তো কখনো তারা
একদিনতো এক ছাগলের দড়ি আমার পায়ে আটকে
পড়ে গিয়েছি
বইগুলো গিয়েছে উড়ে
আর পায়ের চামড়া গিয়েছে ছোলে...
এই ছোলা-খোলা খেলাতে খালি পেটে কখন পৌঁছে যায়
বাড়িতে
টেরই পাওয়া যায় না।
বর্ষাকালে রাস্তায় কাদা জমলে
আলাদা মজা জন্মে
কাদা মাটিতে পা ডুবিয়ে হাঁটলে যে পক পক আওয়াজ
হয়
তার আনন্দ বলে বুঝানো সম্ভব নয়।
যত্তসব 'কেন নেই 'এর প্রশ্ন উঁকি দিয়েছে তখন
নদীর পারে পড়তে গিয়েছি যখন।
আমাদের দুনিয়া আর তাদের দুনিয়া আলাদা
আমাদের সুখ আর তাদের সুখের সংজ্ঞা আলাদা
আমাদের সংগ্রাম, তাদের বেসিক
তাদের সুখ আমাদের আশাতীত
আমাদের দুর্দশা তাদের কল্পনাতীত
আজ ওইদিন গুলো অতীত
কিন্তু স্মৃতির ঘরে তাজা অমলিন

26-06-2022

12.6 পাক্কা

নিজের ঘরে আলো জ্বালাতে পারেন নি
সে কি পারবে দেশের আলো জ্বালাতে!
তবে তার ঘর যেমন আলোহীন থাকেনি
তেমনি দেশও থাকবে না বিনা আলোতে

কাজ হাসিল না হওয়া পর্যন্ত
যাকে ব্যবহার করে কাজ হাসিল করতে চাইছে
তাকে বুঝতে না দিয়ে, কাজ হাসিল যারা করতে পারেন
তারাই পাক্কা কূটনীতিক

খেলা শেষ না হওয়া পর্যন্ত
যে ঘুটিকে ব্যবহার করে বাজিমাত করতে চাইছে
তা বিপক্ষকে বুঝতে না দিয়ে,
খেলা যারা শেষ করতে পারেন
তারাই পাক্কা খেলোয়াড়

28-06-2022

12.7 একের অধিকার অপরের ক্ষতি

একের অধিকার অপরের ক্ষতি কি আনতে পারে!
একজন যখন 'আমার অধিকার দাও ' বলে চিৎকার
করে,
তখন অপরের গায়ে কেন কাঁটা লাগে!
একজনের অধিকার যখন অপরের অধিকার কেড়ে
নেওয়ার ক্ষমতা রাখে

তবে সেই অধিকার নিয়ে আলোচনা দরকার।
একজনের অধিকারে অন্যদের যদি আপত্তি উঠে,
তবে সেই আপত্তি উত্থাপনকারীদের ইতিহাসও চর্চার
বিষয় হয়ে দাঁড়ায়।
সবার অধিকার রক্ষা এবং অধিকার অর্জনে সহায়তা
একান্ত জরুরী
কেননা আমরা একই সমাজের বসবাসকারী।
পারস্পরিকতা না থাকে যদি
সৌহার্দপূর্ণ, বন্ধুত্বপূর্ণ সম্পর্ক না থাকে যদি
সেই সমাজে স্থায়ী হবে না শান্তি
এবং ব্যাহত হবে সামাজিক বিকাশ, আর্থিক বৃদ্ধি,
সাংস্কৃতিক উন্নতি এবং আত্মিক প্রগতি।

27-06-2022

12.8 গ্রোপে থাকা...

সভ্য সমাজের সভ্য ব্যক্তিদের মধ্যে
দেখা যাচ্ছে ট্রাইবাল বৈশিষ্ট্য
গ্রোপে থাকা...
তবে ট্রাইবসরা নিজ জাতির স্বার্থে গ্রোপে থাকে
কিন্তু সভ্যরা নিজ স্বার্থে গ্রোপে থাকে
সভ্যদের সংস্পর্শে এসে,
ট্রাইবসরাও সভ্যবেশ হচ্ছে
পদবীতেই শুধু ট্রাইবাল রয়ে গেছে
মুশকিল হচ্ছে বোঝা, কে ট্রাইবাল কে সভ্য
বিশেষ বিশেষ ক্ষেত্রে শুধু হয় প্রতিভাত

29-06-2022

12.9 বিদ্যুৎ

অফিস আদালত হাসপাতাল যেখানে
বিদ্যুৎ আসা যাওয়া করে সেখানে
তোমাদের এখানে কি কোন কিছু উল্লেখ করার মতো
আছে?
অঙ্গনওয়াড়ি! প্রাইমারী ইস্কুল?
সেখানে বিদ্যুৎ এর কাজ নেই বিলকুল
তাইতো মাসের পর মাস বিদ্যুৎ যায় না
প্রত্যেক দিন কি মানুষ বেরাতে যায়!
না যাওয়া মানায় ;
যেমন মানায় না বিদ্যুৎ আসে না বলে পথে বসা,
বসার জায়গায় বসতে হয়, পথের উপর দিয়ে হাঁটতে হয়
বাইক গাড়ি আটকিয়ে পথের বোঝা বাড়ানো ঠিক নয়।
বান্ধবীকে বাইল করে মেয়ের সাথে কথা বলা যায়
কিন্তু বিয়ে করার জন্য বাপের সাথে কথা কয়তে হয়।

29-06-2022

12.10 দায়িত্ববোধ, জবাবদিহি এবং ভয়

দায়িত্ববোধ, জবাবদিহি এবং শ্রদ্ধা মিশ্রিত ভয়,
নাগরিকদের মধ্যে থাকতে হবে এই তিনটি বিষয়
কোন কাজের শুরুতে এবং শেষে

মানুষকে চিন্তা করতে হবে
নিজ দায়িত্ব সম্পর্কে হতে হবে অবহিত
সেই অনুযায়ী কার্য সম্পাদন করতে হবে সুনিশ্চিত
কাজের শেষের কাজ হবে জবাবদিহি
কেন এবং কিভাবে করা হয়েছে তার ফিরিস্তি
কাজের প্রতি শ্রদ্ধা, সাথে শাস্তির ভয়
তবেই হাসিল হবে কর্মে জয়
সবাই যদি এই মর্মে সম্পাদন করে কর্ম
সমাজে ন্যায় হবে প্রতিষ্ঠিত
সবাই ভালো জীবনের স্বাদ পাবে
যদি দায়িত্ববোধ, জবাবদিহি এবং ভয় নিয়ে চলে

2-07-2022

12.11 অতিরিক্ত সর্বদা সহন আনে

বৃষ্টি ভিজতে কার না ভালো লাগে!
কিন্তু বেশি ভিজলে?
অতিরিক্ত সর্বদা সহন আনে
তা কম হোক বা বেশি
নিরাপদ আশ্রয়ের খোঁজ করা প্রকৃতিদত্ত গুণ সহজাত
মানুষ হোক বা অন্যান্য প্রাণী ঠিক খুঁজে নেবে, যখন
পাবে আঘাত
শূন্যস্থান পূর্ণ হতে বেশি লাগে না দেরি
যাদের জন্য বানানো হয়েছে, তারা না থাকে যদি
আধুনিকতাও কম ক্ষমতাবান না

পড়ুয়াদের বেড়ার ঘরে ঢুকিয়ে দিয়েছে
আর পশুদের দালান ঘরে!
30-06-2022

12.12 বন্যরা বনে সুন্দর

বন্যরা বনে সুন্দর, শিশুরা মাতৃক্রোড়ে!
বনকে নগর বানিয়ে ছাড়লে...
বন্যরা সুন্দর ভূমিকা পালন করবে কোথায় গিয়ে?
তাই বনের অসভ্য বন্যরা আজ সভ্য নগরে অসভ্যতা
দেখাচ্ছে
এটা আমার তৈরী, আমার নগর সভ্যদের দাবি
বন্যরা বলে এটা আমার ভূমি, যেখানে তোমার নগর
তৈরী
বন্যরা বন-নগরীতে নাগরিক ভূমিকা পালন করতে গিয়ে
হিমশিম খাচ্ছে
শিশুরাও এখন মাতৃর বদলে ধাত্রী ক্রোড়ে বেশি কাটায়
কেননা মায়েরা স্কুল অফিসে যায়
একজনের উপার্জনে সুখ কেনা বড়ো মুসকিল
মাসের শেষে ফুরিয়ে যায় সব, মেটাতে গিয়ে বিল
তাই সুন্দরতার সাক্ষাৎ পাওয়া হচ্ছে কঠিন, ধরণীতে
সুন্দরতার ঠাঁই এখন মনে, ধারণাতে

04-07-2022

12.13 অন্যের ঘামের দুর্গন্ধ

জীবনকে অন্যের ঘামের দুর্গন্ধে এবং অন্যের রক্তে
রাঙিয়োও না
নিজের শ্রমে, নিজের বুদ্ধিতে গড়ে তোলো
যাতে সগর্বে বলতে পারে যে,
আমি আমার জীবন যাপন করেছি
যেখানে অন্যরা শুধু ন্যায্য সহায়কের ভূমিকা পালন
করেছে।

05-07-2022

12.14 আবেগের সীমানা কতদূর

বোঝা সবাই বহন করে
কেউ সামনে, কেউ পেছনে

আবেগের সীমানা কতদূর
কথা প্রকাশ করার স্বাধীনতা কতটা
যখন কোন কথা প্রকাশ করার আগে,
কথা কি কারোর আবেগে আঘাত হানবে
এই চিন্তা মাথায় আসে,
কথা প্রকাশ হওয়ার আগেই
বাধাসমূহ চলে আসে,
তবে স্বাধীনতার পরিসর কতটুকু!!
কথার একটা অংশ অন্ধকারে থাকলে

সমগ্র চিন্তার প্রতিফলনে বাধা আসে।

আবেগের আস্তরণ এতই কি নরম
যা চরম কিছু পারে না সহ্য করতে
এতই কি পাতলা, যা অল্পতে যায় হারিয়ে!
এতই কোমল, যা শক্ত সমালোচনায় যায় গলে!
08-07-2022

12.15 আদর্শ শিক্ষকের সংজ্ঞা কি?

আদর্শ শিক্ষকের সংজ্ঞা কি?
কি আদর্শ দ্বারা হয় তা নির্ধারণ?
ধর্ম রান্নাঘরে, আর আদর্শ বেশভূষাতে
সীমায়িত হয় যদি, তাহলে ভেতরের জিনিসটা
অনালোকিত থাকবে
সন্দেহ করার উদ্দেশ্য হওয়া উচিত সত্যিকে উপলব্ধি
করার জন্য
অবহেলা করার জন্য নয়

12-07-2022

12.16 চুরি করি, কিন্তু সম্মান ভুলে যায়নি

চুরি করি, কিন্তু সম্মান ভুলে যায়নি
মাষ্টার মশাইকে গুরুদক্ষিণা দিতে ভুলে যায়নি

12.17 খরা মরসুম

খরা মরসুম শব্দ বৃষ্টির অপেক্ষায়
সাদা কাগজ সাদা থেকে যায়
শব্দের বদলে ধূলো বসে খাতায়
আঙুল থেকে কলম পিছলে যায়
হাত অবসরে, কেননা মস্তিষ্ক পূর্ণ শূণ্যতায়
12-07-2022

12.18 বন্ধুত্বের খাতিরে...

শান্তি পূর্ণ সমাজের জন্য দরকার বন্ধুত্ব
বন্ধুত্ব হচ্ছে অপরিহার্য শর্ত ন্যায় সমাজ গঠনের
বানিজ্য, ন্যায়ের অনুশীলন, সম্পত্তির রক্ষনাবেক্ষন
এবং স্বার্থ রক্ষা ইত্যাদি কাজকে সহজ করে দেয় বন্ধুত্ব
সামাজিক ঐক্যতা এবং ন্যায় প্রতিষ্ঠার জন্য বন্ধুত্ব
একান্ত জরুরী

২
পছন্দ আর বন্ধুত্ব এর মধ্যে আছে পার্থক্য
পছন্দ নয় বন্ধুত্বের ক্ষেত্রের অন্তর্ভুক্ত
একজন ব্যক্তি চকোলেট পছন্দ করতে পারে
কিন্তু এথেকে এটা প্রমাণ হয় না যে
সেই ব্যক্তির সাথে চকোলেট এর বন্ধুত্ব রয়েছে বন্ধুত্বের
জন্য যা দরকার সেটা হল পারস্পরিকতা
বন্ধুত্ব হচ্ছে এমন সম্পর্ক যেখানে একজন ব্যক্তি অপর

ব্যক্তির শুভ কামনা করে
জীবন ভাগাভাগি করে
বস্তুর সাথে হয় না বন্ধুত্ব

৩

বন্ধুত্ব মর্যাদার সমতা দাবি করে
সমতা না থাকলে বন্ধুত্ব সহজে গড়ে ওঠে না
একজন বন্ধু যতটা সুখ বা সুবিধা তার বন্ধুর কাছ থেকে
গ্রহণ করে,
অপর বন্ধুও ঠিক তত পরিমাণ সুখ এবং সুবিধা দাবি করে
সুখ এবং সুবিধার আদান প্রদানে যদি দুজনের মাঝে
সমতা না থাকে
তবে তা তাদের বন্ধুত্বের সম্পর্কে প্রভাবিত করে।

৪

স্বামী এবং স্ত্রীর মধ্যের সম্পর্কও বন্ধুত্বের আওতাধীন
কখনো কখনো এমন হয় যে
একজন বন্ধু যতটা না সে প্রদান করে
তার চেয়ে বেশি সুখ এবং সুবিধা আহরণ করে
অথবা সে কম বেনেফিট পায় তার দেওয়ার তুলনায়
তবু বন্ধুত্ব টিকে থাকে
এরকম ক্ষেত্রে আমাদের বলতে হয় যে
যদিও তারা বন্ধু তবুও তাদের মধ্যে অসমতা বিরাজমান
যাহা বন্ধুত্বের সম্পর্কে থাকা উচিত নয়
এবং একে অপরকে তারা সমভাবে ট্রিট করে না

এথেকে এটা অনুমান করা যায় যে
একজন আরেকজন থেকে বেশি মরালি ভালো

৫

গাঢ় বন্ধুত্বের জন্য জানা আবশ্যিক একে অপরের চরিত্র
একজন অপরজনের কেয়ার করে,
যাহাকিছু ভালো সেটা কামনা করে
বন্ধুত্বের খাতিরে...
সেই কর্মই করে যাহা বন্ধুর জন্য ভালো,
একে অপরের সংগ উপভোগ করে
এবং দুজনেই তার দ্বারা লাভবান হয়।
এরকম বন্ধুত্ব একবার গঠিত হলে সহজে বিচ্ছিন্ন হয় না।
এই সম্পর্ক ধারাবাহিক এবং স্থায়ী
কেননা প্রেম এবং জ্ঞানের উপর এর ভিত্তি

৬

বন্ধু তার বন্ধুর ভালো এবং সুখ কামনা করে
কেননা সে জানে সেই সুখ এবং সুবিধার ভাগ সেও হবে
এবং সুখ এবং সুবিধা চালু এবং বৃদ্ধি পাবে
পাশাপাশি সে এটাও চাই যে বন্ধুকে এমন পজিশনে
নিয়ে যেতে
যেখানে বন্ধু যেতে চাই,
তার নিজের দরকার সময়ে বন্ধুর সাহায্য সেও পাবে বন্ধু
তার বন্ধুকে এমন পজিশন লাভে সহায়তা করে

যাতে সে পরে ওই পজিশন থেকে সাহায্য নিয়ে লাভবান হতে পারে।

চিঠা পৃষ্ঠা খন্ড ২

যাতে সে পরে ওই পজিশন থেকে সাহায্য নিয়ে লাভবান হতে পারে।

92

পার্সোনাল

13.1 পার্সোনাল

কোন কাজকে পার্সোনালি নিলে সে কাজ তার সমাপ্তি
থেকে দূরে থাকতে পারে না
তথাকথিত সমাজ স্বীকৃত ভালো হোক বা মন্দ হোক
সব...
সব কাজের পেছনে থাকে প্রেম
কোন সময় সেটা ভালো বেশ পরে বের হয়
তো কোন সময় মন্দের মুখোশ পরে
পার্সোনাল কাজ কখনো সমাপ্তি থেকে দূরে থাকে না

20-07-2022

13.2 চরমে বন্ধুত্বের অনিশ্চয়তা

আধুনিক যুগে চরমে বন্ধুত্বের অনিশ্চয়তা
তবুও বন্ধুত্বের দরকার নেই যায় না বলা
নিজ নিজস্বতা অর্জন প্রক্রিয়াতে
সুসংহত এবং স্থিতিশীল ব্যক্তিত্বের প্রয়োজনে
অনিশ্চয়তার অন্ধকারে ঝাঁপ দিতেই হবে...

হোক না সে সম্পর্ক অসম্পূর্ণ এবং ভঙ্গুর আন্তঃ
মানসিক
তবুও কর্ম হাসিল হেতু গড়তে হবে, হোক সে মৌখিক
26-07-2022

13.3 জড়িত

অপরের ভালোর সাথে জড়িত
অপরের ভালো করে নিজের আত্মিক উন্নতিই এর মূল
উদ্দেশ্য
এটা হচ্ছে প্রেমের দেওয়া নেওয়া খেলা
একে অপরের প্রতি গাঢ় জ্ঞান
বন্ধুত্ব জন্ম হওয়ার প্রাথমিক সোপান
জ্ঞানের জন্য দরকার বিপুল সময়ের
এবং এটাই কারণ, বন্ধুত্ব খুব কম লোকের সাথে স্থাপনের
তবে আমদের উচিত ভালো ব্যক্তির সাথে বন্ধুত্ব গড়া
জীবনকে মধুময় এবং আনন্দদায়ক করে তোলা

26-07-2022

13.4 মানুষের সুখের কারণ কি ভাগ্য?

মানুষের সুখের কারণ কি ভাগ্য?
ভাগ্যের জোরে আমরা ভালো জীবন পেতে পারি কি?
ভাগ্যের মাধ্যমে মানুষের সুখ ব্যাখ্যা করা যায়?
মানুষ তার ইচ্ছা এবং সুসামঞ্জস্য কর্মের দ্বারা ভালো

জীবন অর্জন করতে পারে কি?
ব্যক্তিগত এবং সামাজিক নৈতিক গুণাবলির দরকার
আছে কি?
সামাজিক ব্যাপারকে এড়িয়ে ভালো জীবন লাভ কি
সম্ভব?

ভালো জীবনের জন্য ভালো কর্ম কি অত্যন্ত জরুরী?
ভালো কর্মের দ্বারা কি ভালো হওয়া যায়?
ভালোর আলো একবার প্রাপ্ত হলে মন্দের অন্ধকারে
ডুবার সম্ভাবনা আছে কি?
এরকম কি হতে পারে যে,
একজন ব্যক্তি একটা সময়ে ভালো
আর পরক্ষণেই মন্দ?
ভালোকে একবার অর্জন করলে হারিয়ে ফেলার সম্ভাবনা
আছে কি?
ভালো জীবন কি জীবনের সাথে মিশ্রিত?

21-07-2022

13.5 বহিষ্কার শুধু ক্লাস রুম থেকেই হয় না

বহিষ্কার শুধু ক্লাস রুম থেকেই হয় না
সংসদ ভবন থেকেও হয়
কেলেঙ্কারির জন্য শুধু ঘুষখোরই দায়ী নয়
ঘুষ প্রদানকারীর অবদানও স্বীকার করতে হয়

প্রভাবশালীরা প্রভাব খাটিয়ে

অভাবীরা অভাব দেখিয়ে
কাজ করে হাসিল
যাদের কিচ্ছু নেই তারা বনে ফাজিল

বিকাশ মানেই পরিবর্তন
নামের... কামের...
আর রূপান্তর মানেই কোয়ালিটি
বাংলা থেকে ইংরেজি...
28-07-2022

13.6 পলার পর পলা

কখনো ক্রিম, কখনো পাউডার
যখন যা পায় মুখে লাগায়
একটা প্যান্টের উপর আরেকটা প্যান্ট
পলার পর পলা পরে
একই জায়গায় বসে থাকা নয় তোমার স্বভাব
হেঁটে হেঁটে হাত নেড়ে দেখায় কত ধরনের ভাব
গানের তালে, কখনো নিজেই গেয়ে
ঘরে ঘুরে বেরানো তোমার নিত্য দিনের কাজ
ইচ্ছে হলে খাওয়া, নাহলে ছুঁড়ে ফেলা
যখন যেমন মর্জি। কখনো পান্তা ভাতের ঝুলে
কখনো মাংসে তোমার মন ভোলে

03-08-2022

13.7 আশেপাশের সদস্য

এক একজন মানুষ এখন অনেক রকমারি সদস্যর পদে
'আশেপাশের   লোক'   যেমন   আছে,   'আশেপাশের
সদস্যও' আছে
এদের কাজ হচ্ছে চেয়ার ভর্তি করা
পূর্ণতায় আমরা বিশ্বাসী, অভাবে না
ফাঁক, সত্যি আমরা দেখতে পারি না
ফাঁকা, সত্যি মানায় না

কেউ জুতা ছুঁড়ে আশীর্বাদ পাঠায়
কেউ পা ছুঁয়ে আশীর্বাদ চায়
কর্মফলে মানুষ সব ধরনের লোকের সাক্ষাৎ পায়।

আশেপাশের সদস্য সব সময় থাকে না আশেপাশে
আশেপাশে চেয়ারই যদি না থাকে, কোথায় বসবে?

05-08-2022

13.8 ধরণীও স্থির নয়

যাকে দেখলে মন হয় তরল
ভালো অনুভূতি হয় উচ্ছল
সেল্ফি নিতে জাগে ইচ্ছে
যাকে জানলে আর কিছু থাকে না জানার ইচ্ছে

আত্ম সংযম ব্রতের বাঁধ ভাঙতে চায়

কিছু কথা, যা মনে ধরে রাখা দায়
সাফল্যে এবং সেক্স সবাই চায়
যারা লেগে থাকে তারা পায়

কোন তরঙ্গই স্থায়ী নয়
ধরণীও স্থির নয়
নিখুঁত নয় স্বাভাবিক থাকতে চায়
যেখানে মন সেখানে আমি

06-08-2022

13.9 সুখী হতে চাইলে

সুখী হতে চাইলে এই স্টেপস আমাদের মেনে চলতে হবে
জীবন যাপনের কৌশল এমন বানাতে হবে যা সুখের
জন্য যথাযথ।
কিছু fundamental attitude এর বিকাশ ঘটাতে হবে
এবং তা মেনে চলতে হবে।
বাহ্যিক শক্তির চেয়ে নিজ শক্তি বা ইচ্ছারই বেশি দরকার
সুখ প্রাপ্তিতে।
তাই নিজের ইচ্ছার প্রতি বেশি বিশ্বাস রাখতে হবে
মনে রাখতে হবে -
বাহ্যিক ভালো গুলো সুখ প্রাপ্তিতে সহায়তা করে,
বাহ্যিক ভালো গুলো কে সুখের শর্ত বলা যেতে পারে।
ধন সম্পত্তি ব্যক্তিকে মহত্ত্ব
এবং উদার হতে সাহায্য করে।
গীতাতেও উল্লেখ করা হয়েছে যে,

যে ব্যক্তির সম্পত্তি যথেষ্ঠ আছে সে জ্ঞান
এবং চরিত্র গঠনে অতিরিক্ত সুবিধা ভোগ করে।
কেননা তাকে আর ধন সম্পত্তির জন্য চিন্তা করতে হয়
না
সারাটা ক্ষণ সে ঈশ্বরের চিন্তায় মগ্ন থাকতে পারে।
যা গরীবরা পারে না
তাদের জন্য ঈশ্বরের চিন্তা বিলাসিতা মাত্র
খালি পেটে শুধু খাদ্যের চিন্তা আসে
পূর্ণিমার চাঁদ রুটি আর গাছ-গাছালি সজ্জি
বিত্তবান হয়ে জন্ম গ্রহণ করা তাই পূর্ব জন্মের ভালো
কর্মের ফল বলে মানা হয়।
09-08-2022

13.10 তকমা

বিচার বুদ্ধি বিশ্লেষণ বন্ধকী
দিতে হবে যদি কর চাকরি
নিজ মত প্রকাশ এবং তা প্রতিষ্ঠা করা জরুরী
কোথায় মেলে নিজস্ব মতের অঙ্কুরি
মৃত মাছেরা স্রোতের সাথে চলে
অসামাজিকরা অপ্রকৃতস্থ, সমাজের চোখে
সবারই মনে লাগে, ঠকলে
হোক পয়সাতে বা প্রেমে
নিজে যখন ঠকায়, অশ্রুহীন কাঁদে
আর যিনি টের না দিয়ে ঠকাতে পারে সে ঈশ্বর
সধবা সন্তান জন্ম দিলে খুশিরও জন্ম হয়
কুমারী, বিধবা জন্ম দিলে অবৈধ হয়

কিছু নামের পরিবর্তনে প্রতিষ্ঠিত হয় ইতিহাসের ন্যায্যতা
আর কোরো কারোর ক্ষেত্রে জুটে সাম্প্রদায়িকতার তকমা
11-08-2022

13.11 সুখের জন্য

নৈতিক বিচারও পরিবর্তন হয় মানুষ এবং তার কালচার
অনুযায়ী
মানুষকে নীতিবান হতে হবে কেন?
সুখের জন্য?
যদি একটাই কমন সুখ থাকতো তাহলে সুখের একটাই
বিজ্ঞান থাকতো
কিন্তু আমরা দেখি যে, বিভিন্ন বিষয়ের সুখ বিভিন্ন স্বাদের
হয়ে থাকে
সার্বিক সুখ যেমন আছে তেমনি বিশেষ বিষয়ের সুখও
থাকবে
মানুষ সুখী হয়, সুখের ধারণার প্রতি ইন্টারেস্ট না হয়েও
যদি ধারণা বাস্তব থেকে আলাদাভাবে বর্তমান থাকে
তবে অনুশীলনের উপর এর কোন প্রভাব থাকবে না

11-08-2022

13.12 অফিস আওয়ারের ব্যস্ত বড় রাস্তায়...

অফিস আওয়ারের ব্যস্ত বড় রাস্তায়...

ছোট ছোট জাতীয় পতাকার গুচ্ছ হাতে এক ভদ্রমহিলা :

এই থাম থাম...
রামুদা: কি হলো বোন?
ভদ্রমহিলা : এইটা নাও
রামুদা খুশি হয়ে নেওয়ার জন্য হাত বাড়াল
ভদ্রমহিলা : দশ টাকা লাগবে
রামুদা: (হাত জোড় করে) এটার মর্যাদা রক্ষা করা আমার দ্বারা সম্ভব হবে না
ভদ্রমহিলা : দেশের পতাকার জন্য দশ টাকা দিতে পারে না। কেমন নাগরিক... দেশদ্রোহী...
রামুদা: দেশপ্রেমী হয়েও একজন পথিককে একটা দশ টাকা দামের জাতীয় পতাকা দিতে পারলো না। কেমন প্রেমিক...

10-08-2022

13.13 সুখ যাকে সবাই চায়

একজন ব্যক্তি খেলোয়াড় হয় খেলে
একজন ব্যক্তি গাড়ির চালক হয় গাড়ি চালিয়ে একজন ব্যক্তি জাস্ট হয় জাস্ট কর্মের দ্বারা
এই কথাগুলো এটাই ইঙ্গিত করে যে,
মানুষ কোন কিছু অর্জন করে, অনুশীলন এর দ্বারা ধারণার দ্বারা নয়।

সুখ যাকে সবাই চায়
ঈপ্সিত বস্তু লাভের দ্বারা যাকে পায়
যাকে শুধু তার জন্যই চাওয়া হয়

এবং কখনো অন্য কিছুর জন্য চাওয়া হয় না
যা চরিত্রগত দিক দিয়ে অন্তর্ভুক্তিমূলক
যেখানে অনেক গুলো উপাদান সংযুক্ত থাকে।

নৈতিকতার পথে চললেই সুখ পাবে,
এমন কোন কথা নেই।
এবং এখানে কোন সন্দেহ নেই যে,
অন্য পথ অবলম্বন করলে গন্তব্য রসাতলে।
নৈতিকতা দুর্ভাগ্য থেকে রক্ষা করতে পারে না
যারা নীতিবান, তারাই বেশি দুর্ভোগ পোহান।
দুর্ভাগ্য বা দুঃখ পেয়েও সেটাকে সৌভাগ্য
এবং সুখ হিসেবে গণ্য করার ক্ষমতাই প্রকৃত পক্ষে সুখ।
কেননা সুখ হচ্ছে এমন জিনিস যা সকলকে অন্তর্ভুক্ত
করে

11-08-2022

13. 14 বন্ধুত্ব এমনিতে গড়ে ওঠে না

বন্ধুত্ব এমনিতে গড়ে ওঠে না
বন্ধুত্ব সম্পর্ক স্থাপনার জন্য যা দরকার তা হল ইচ্ছা।
হতে পারে সে ইচ্ছা হচ্ছে সুখ বা প্রফিট অর্জন করা
অথবা মরাল উৎকৃষ্টতা লাভ করা
এই কামনা গুলোই দুজন ব্যক্তি কে বন্ধুত্বের সম্পর্কের
বন্ধনে আবদ্ধ করে।

একজন ব্যক্তি তার সহ -নাগরিকদের ভালো

এবং সুখ কামনা করে কেননা
অন্যদের সুখের সাথে তার সুখও জড়িত আছে।
সেজন্য সে অনেকসময় নিজ ক্ষুদ্র স্বার্থও ত্যাগ করে
অপরের ভালো এবং সুখের জন্য।
এই ত্যাগের ভাবনা আসে কেননা
এটা করে সেও বেনিফিটেড হয়।

যারা বন্ধু তারা জাস্ট হওয়ার দরকার নেই
কিন্তু যারা জাস্ট তারা পারস্পরিক বন্ধুত্বের সম্পর্ক
স্থাপন করা জরুরি।
তবেই সত্যি কারে জাস্ট হবে।
বন্ধু সবসময়ই বন্ধুর প্রতি ন্যায় কর্মই করে।
এবং এমন কোন কাজ করে না যা বন্ধুকে অসুবিধায়
ফেলে

মানুষেরা বন্ধুত্বের সম্পর্কে আবদ্ধ হলে
জাস্ট কাজ করার প্রবনতাও বৃদ্ধি পাবে।
সমাজ জীবনে সুখ আনতে হলে
প্রথমে আমাদেরকে সিভিক বন্ধুত্বের সেন্টিমেন্ট আনতে
হবে।

13.15 আগামীদিনের পথের সঙ্গী

ডানে বামে দেখে
উপর নীচ চিন্তা করে
আশেপাশের লোকেরা কি ভাববে
এই কথাগুলো মনে পোষে

এত দীর্ঘ দিন পার করেছি
মন তো সেখানেই, আজ পা বাড়িয়েছি
অন্তঃ শুদ্ধ করনের আওয়াজে দিয়ে সাড়া
শুরু করেছি পথ চলা
যিনি প্রোথিত করেছে মনে
সেই সবকিছু সঠিক করবে
সেই দর্শনকেই করেছি
আগামীদিনের পথের সঙ্গী

20-08-2022

13.16 নাই এবং চাই

সংসারটা যেন বিবর্তিত হচ্ছে
নাই এবং চাই - এই দুইয়ের মাঝে
কেউ খুলছে নাচের সুযোগ পাওয়ার লোভে
কেউ নাচতে বলেছে বলে ফুঁসছে ক্ষোভে
বাড়ি কিনে কেউ স্বপ্ন পূর্ণ করে
আবার কেউ বাড়ি বেঁচে
জীবন আবর্তিত চাওয়া - পাওয়াতে

নিজেকে পরিবর্তন করার চেষ্টা করে না
আবার ছেড়ে গেলে ইগোতে লাগে
একি প্রেম?

13.17 নিজের প্রতি ভালবাসা

নিজেকে যদি ভালো ভাবো তবে খুব ভালোবাসো
কেননা তোমার নিজের প্রতি ভালবাসা
অপরের জীবনেও ভালো লাগা আনবে
তোমার কাজ নৈতিক গুণ সম্পন্ন কর্ম হবে
যা সমাজের এবং সমাজস্থ ব্যক্তির জীবনে বেনিফিট
আনবেই।
কিন্তু তুমি যদি মনে কর তোমার কাজ খারাপ
তবে নিজেকে কম ভালোবাসো,
তোমার কাজ অপরকে ভালোর দিকে নিয়ে যাবে না
বরং অপরকে খারাপ কাজে উৎসাহিত করবে
তোমার নিজের প্রতি ভালোবাসাই অপরের জীবনে
এবং সমাজে সুখ- সম্মৃদ্ধি আনতে পারে।
28-08-2022

ছাড়া তো আগেই হয়ে গিয়েছে
একটা উছিলা দিতে হয় বলে
বলে গেল - তুমি মোটা
সেটাকে বেটা মনে নিয়ে হয়ে গেল রোগা

23-08-2022

রুপাঙ্গ

চিঠা পৃষ্ঠা খন্ড ২

2020
January
Week 03
015-351
Wednesday
15
Thursday
16
চিঠা পৃষ্ঠা খন্ড ২

হাওয়া স্নান

ফিরে দেখা

মেজাজ

দিদিমণি

অনুভূতি

দেখা

ফ্যাশন

চিন্তিত

আকাঙ্ক্ষা

কৌতুকী

অপরকে দেখানোর
ছলে

শাব্দিক

স্বয়ং

আবেদন

একসাথে

ঢঙ

প্রেম-প্রতীক 06-08-2022

আবেগী   12-07-2022

অনুসন্ধান   19-07-2022